JN221256

アクティブ・ラーニング時代
の古典教育

──小・中・高・大の授業づくり──

GTP 東京学芸大学出版会

はじめに

河添房江

　本書は、「アクティブラーニングと ICT を活かした小・中・高連携の古典教育研究」をテーマとして、2015 年度から活動してきた研究会の成果を世に問うものです。

　そもそも私の大学院の演習に参加した小・中・高の現職教員を中心に声をかけ、古典教育の連携と教材開発についての研究会を立ち上げたのが、2009 年春のことでした。そして 2011 年度にそれまでの研究活動を振り返り、参加者が各自の関心に沿って研究成果をまとめたのが、『小・中・高一貫教育において古典に親しませる教材とその指導法の開発』の報告書(注1)でした。

　本書は、そうした小・中・高の教育連携というテーマを引き継ぎながら、今日的な課題であるアクティブ・ラーニングと ICT 活用に向き合い、小・中・高・大で古典教育を行っていくための具体的な知識を提供し、指導法を提案するものです。研究会は小・中・高・大、公立・私立さまざまな現場に携わるメンバーで構成されているため、それぞれが模索した授業実践を検討しあうことにより、より魅力的な提案を行うことができると考えました。

　2017 年 3 月に公示された新学習指導要領では、中央教育審議会の答申を踏まえて、「何ができるようになるか」「何を学ぶか」「どのように学ぶか」の視点から、知識の理解の質を高め、これからの時代に必要な資質・能力を育む「主体的・対話的で深い学びの実現」が求められています。その「主体的・対話的で深い学びの実現」のためのアクティブ・ラーニングと、多様なニーズに応える ICT 活用についての知見を深めることを目的に、読書会や公開研究会への参加、授業実践の報告会などを十数回重ねて、今日に至った

---

(1) 東京学芸大学連合学校教育学研究科 HP で公開。
　　http://www.u-gakugei.ac.jp/~graduate/rengou/kyouin/news/data_koui-
　　ki/09.pdf (最終閲覧日　2017 年 11 月 20 日)

次第です。研究会では、なぜいまアクティブ・ラーニングやICT活用なのか、その必然性やメリット・デメリットまで見据えての議論や情報交換が活発になされ、筆者も大学教育における実践を模索していた時期だけに、大いに刺激を受けました。

　本書は目次に明らかなように、前半がアクティブ・ラーニングとICT活用の理論編、後半がそれらの実践編という構成になっています。特にアクティブ・ラーニングは関連書籍も少なからず刊行されていますが、国語教育に限定したものはまだ少なく、まして古典教育に特化し、かつ小・中・高・大の範囲で試みたものは、管見の限りで皆無といってよいでしょう。また執筆メンバーには、東京学芸大学のICT活用の現場で中心となって活躍されている加藤直樹氏と、「国語科と情報」を担当される白勢彩子氏にも加わっていただき、研究会のメンバーでは補えないICT活用のテーマについて、様々な問題提起をしていただきました。その意味でも、本書をまとめて世に問う意義は大きいと考えます。

　各章にはキーワードを太字にした要約文を付け、実践編の配列は小学校からの実践学年順としました。アクティブ・ラーニングとICT活用を絡めた実践報告もありますし、それぞれの模索のなかで見えてきた両者の可能性と限界、課題を率直に綴った部分もあります。そうした本書の試みが、現場の先生方に何かの切っ掛けを与えて、アクティブ・ラーニング時代の古典教育に資する一助となりえたならば、これにまさる幸いはありません。

　なお本書は、2015年〜2016年度と2年間にわたり東京学芸大学連合学校教育学研究科の広域科学教科教育学研究経費の配分をいただいた研究成果であり、格別なご配慮をいただいた関係各位に感謝いたします。また書籍にまとめるに当たり、出版会事務局長の藤井健志先生や国語科教育の中村純子先生のアドバイスをいただいたことも記して、謝意を表します。

『アクティブ・ラーニング時代の古典教育
——小・中・高・大の授業づくり——』 目次

第1部　理論編

アクティブ（・）ラーニングとは何か

——古典学習の視点から——

麻生　裕貴

【要旨】
　既に様々になされている**アクティブ（・）ラーニング**の定義について、目的から定義するのか、活動・形式から定義するのかという整理の仕方を提示する。そのうえで、独自に定義し直した〈アクティブ・ラーニング〉について、**教師の心構え、効果、誤解、評価、デメリット・危険性**を、**古典学習**の視点を踏まえつつ論じる。

1.　はじめに

　ここ数年、「アクティブ（・）ラーニング」という言葉がそこここで登場し、様々に語られ、論じられている。これは、アクティブ（・）ラーニングという学習のあり方が現代社会に対応した学習のあり方であると目されているためだ。現代社会は、「新しい知識・情報・技術が政治・経済・文化をはじめ社会のあらゆる領域での活動の基盤として飛躍的に重要性を増す」社会である「知識基盤社会」とされ（中央教育審議会「我が国の高等教育の将来像（答申）」2005 年 1 月）、グローバル化、人工知能の急成長等、急激に変化する社会である。

　このような社会情勢を踏まえて、中央教育審議会「新たな未来を築くための大学教育の質的転換に向けて〜生涯学び続け、主体的に考える力を育成す

る大学へ～（答申）」（2012年8月）において、「アクティブ・ラーニング」という言葉が文部科学省の施策用語として初めて登場した。以下、該当部分を引用する（以下も含め、引用文中の下線は麻生による）。

　　生涯にわたって学び続ける力、主体的に考える力を持った人材は、学生からみて受動的な教育の場では育成することができない。従来のような知識の伝達・注入を中心とした授業から、教員と学生が意思疎通を図りつつ、一緒になって切磋琢磨し、相互に刺激を与えながら知的に成長する場を創り、学生が主体的に問題を発見し解を見いだしていく能動的学修（<u>アクティブ・ラーニング</u>）への転換が必要である。すなわち個々の学生の認知的、倫理的、社会的能力を引き出し、それを鍛えるディスカッションやディベートといった双方向の講義、演習、実験、実習や実技等を中心とした授業への転換によって、学生の主体的な学修を促す質の高い学士課程教育を進めることが求められる。学生は主体的な学修の体験を重ねてこそ、生涯学び続ける力を修得できるのである。

　また、この答申と同時に示された用語集では、アクティブ・ラーニングを次のように説明する。

　　教員による一方向的な講義形式の教育とは異なり、学修者の能動的な学修への参加を取り入れた教授・学習法の総称。学修者が能動的に学修することによって、認知的、倫理的、社会的能力、教養、知識、経験を含めた汎用的能力の育成を図る。発見学習、問題解決学習、体験学習、調査学習等が含まれるが、教室内でのグループ・ディスカッション、ディベート、グループ・ワーク等も有効なアクティブ・ラーニングの方法である。

　この答申によって、「アクティブ（・）ラーニング」は急激に注目を集め

ることとなった。答申の発表から5年以上が経過した現在、「アクティブ（・）ラーニング」に関する議論は飽和状態ともいえる様相を呈している。しかしながら、議論の整理はいまだに十分にはなされておらず、また、依然として誤解も蔓延している。そんななか、学習指導要領の文言として、「アクティブ・ラーニング」に代わって「主体的・対話的で深い学び」が登場した^(注1)。この言葉の陰に隠れて、不明瞭な「アクティブ（・）ラーニング」という言葉を使っての議論は今後ある程度沈静化していきそうな潮流も感じられはする。とはいえ、「アクティブ（・）ラーニング」への世間からの関心は依然として認められるし、「アクティブ（・）ラーニング」という言葉が教育界に与えたインパクトがなかったことになるわけではない。そして、「アクティブ（・）ラーニング」という概念は今後も有用であり続けるだろう。

　このような現状を踏まえ、本稿では改めて「アクティブ（・）ラーニングとは何か」を整理してみたい。その際、「古典学習におけるアクティブ（・）ラーニング」という視点を意識することとする。

2．アクティブ（・）ラーニングの既存の定義の整理

　アクティブ（・）ラーニングについて語られるとき、「これはアクティブ（・）ラーニングではない」、「いやこれもアクティブ（・）ラーニングになるはずだ」、「結局アクティブ（・）ラーニングとは何なのか？」という会話が、結論が見出されることなくなされることが多いのではないか。これは、「アクティブ（・）ラーニング」という言葉の定義が共有されていないことによる。まずは「アクティブ（・）ラーニング」を明確に定義することが必要だ。

　しかしながら、「アクティブ（・）ラーニング」の定義は多くの識者によって様々になされており、定説を見ない。そんななかで概ね共通するキーワードとして挙げられるのが、「主体性」と「協働性」だ。前述の中央教育審議

（1）　その経緯や意図については奈須2017などを参照。

会の答申でも、「主体的」やそれに類する「能動的」という言葉が散見され、「個々の学生の認知的、倫理的、社会的能力を引き出し、それを鍛える<u>ディスカッション</u>や<u>ディベート</u>といった<u>双方向</u>の講義、演習、実験、実習や実技等を中心とした授業」という部分は、「協働性」と対応する。また、中央教育審議会「幼稚園、小学校、中学校、高等学校及び特別支援学校の学習指導要領等の改善及び必要な方策等について（答申）」（2016 年 12 月）では、アクティブ・ラーニングを「子供たちの『<u>主体的・対話的</u>で深い学び』を実現するために共有すべき授業改善の視点」と位置づけている。

　この「主体性」、「協働性」という視点から既存のアクティブ（・）ラーニングの定義を見たときに、主体的・協働的な「手法・形式」からの定義と、主体性・協働性を身につけるという「目的」からの定義に大別することができる。

　手法・形式からの定義を代表するものとして、溝上 2014 での定義がある。

　　　一方向的な知識伝達型講義を聴くという（受動的）学習を乗り越える意味での、あらゆる能動的な学習のこと。能動的な学習には、書く・話す・発表するなどの活動への関与と、そこで生じる認知プロセスの外化を伴う。

　この定義には「協働性」が明示されてはいないが、溝上氏の定義は大学における一方的な知識伝達型講義からの転換をハードルを下げる形で要請するものであり、その先に「協働性」が意識されている。

　一方、目的からの定義には、例えば皆川 2016 での定義がある。

　　　アクティブラーナー（能動的に学び続ける人＝学び家［マナビカ］＝学び続ける専門家）を育成することを目的・目標とする授業・学習の場がアクティブラーニングにつながる。

　なお、ここで言う「アクティブラーナー」とは、「一人ひとりが自立した人格を持ち、知識を活用しながら状況に応じて的確な判断を下し、自ら発見した問題あるいは社会的な課題を他者と協力しながら解決する人」（成田2015）であり、「学び家」という言葉は高木2014による。

　では、両者にはどのような違いがあるのだろうか。主体的・協働的な手法・形式からアクティブ（・）ラーニングを定義した場合、そのような手法・形式から得られるあらゆる目的が想定できる。その中心としてはもちろん主体性・協働性を育むことが挙げられるが、その他にも、授業を楽しくする、寝させない、やる気を上げる、知識を定着させる、成績を向上させるなどを目的としていても、それはアクティブ（・）ラーニングであると位置づけることができるのだ。一方、主体性・協働性を身につけるという目的からアクティブ（・）ラーニングを定義した場合、その目的を達成させるためのあらゆる手法・形式が想定される。すなわち、一方的な講義や個人での活動であってもアクティブ（・）ラーニングになりえるということだ。

　この、手法・形式から定義するのか、目的から定義するのかという基本的な立場が一致していなければ、「これはアクティブ（・）ラーニングである／でない」という議論は噛み合わなくなってしまう。逆にいえば、アクティブ(・)ラーニングに関する叙述を考える際、「主体性」「協働性」というキーワードを念頭に、そこでのアクティブ（・）ラーニングが手法・形式から定義されているのか、目的から定義されているのかを意識することによって、議論が分かりやすくなるだろう。

　ここまで、手法・形式からの定義と目的からの定義を完全に切り離した形で整理してきた。しかしいうまでもなく、両者には強い親和性がある。主体的・協働的な手法・形式を取り入れることによる目的には、ほとんどの場合主体性・協働性を身につけることが設定されているであろうし、主体性・協働性を身につけることを目的とすれば、主体的・協働的な手法・形式を取り入れることは欠かせない。このような親和性があるということを前提としつつも、主体的・協働的でないことをどのような点において許容しうるのか／

しえないのかという点において、アクティブ（・）ラーニングを手法・形式と目的のどちらから定義するのかを明確にすることが重要である。

3. 本稿における定義と表記

　ここで、後回しにしてきたアクティブ（・）ラーニングの表記の問題について触れよう。すなわち、「アクティブ・ラーニング」なのか「アクティブラーニング」なのかという「・」の有無についてである。

　これについて、一貫して「アクティブラーニング」の表記を用いているのが溝上慎一氏だ。溝上氏は、「単語の区切りに「・」（中黒）を入れるのは、外国語を日本語に訳すときの日本人の一般的慣習であるが、active learning はひとまとまりの連語と見なせるもの」であり（溝上 2014）、「筆者（麻生注：溝上氏）の学術的な流れ・定義に基づくものを「アクティブラーニング」とし、文部科学省や中央教育審議会答申で使用される施策用語を「アクティブ・ラーニング」として区別」する（溝上 2017）。ここから、溝上氏の定義を踏まえる場合は「アクティブラーニング」の表記が、そうでない場合には「アクティブ・ラーニング」の表記が用いられることが多いようである。これまでは本稿における立場を示していなかったために「アクティブ（・）ラーニング」という表記を用いてきたが、本節で立場を明らかにし、表記も改めることとする。

　まず、手法・形式から定義をするのか、目的から定義をするのかについてであるが、これについては前者の立場を取りたい。それは、主体性・協働性を身につけるという目的と同等、あるいはそれ以上の重要度をもって、他の目的も位置づけられるようにせんがためである。その目的を古典学習において具体的に示せば、古典を読解する力、古典に関する知識、古典への興味・関心等の育成が挙げられる。こういった古典学習において求められる事柄も、重要な、あるいは中心的な目的と位置づける余地を残して論じるために、そ

してこれらの力を育てることもできるという側面も強調するために、手法・形式から「アクティブ（・）ラーニング」を定義したい。

手法・形式から定義するうえで踏まえておきたいのが、前述の溝上氏の定義である。ここに再掲する。

> 一方向的な知識伝達型講義を聴くという（受動的）学習を乗り越える意味での、あらゆる能動的な学習のこと。能動的な学習には、書く・話す・発表するなどの活動への関与と、そこで生じる認知プロセスの外化を伴う。

この定義によれば、学習者を指名して発言させたり、発問の答えをノートに書かせたりするだけでもアクティブラーニングは成立することになる。前述のように、この定義は大学における一方的な知識伝達型講義からの転換をハードルを下げる形で要請するものであり、小学校・中学校・高等学校においては当たり前になされていることを述べている。したがって、この定義をそのまま用いるだけでは、従来型の授業との差異化は難しい。そのため本稿では、溝上氏のアクティブラーニングの定義を踏まえつつ、「能動的な学習」として「学習者間での協働的（対話的）な学習」を必須のものとして位置付けることとする。この定義によるアクティブ（・）ラーニングを示すために、こなれてはいないが、以下、本書では〈アクティブ・ラーニング〉という表記を用いる。また、やや煩雑にはなるが、溝上氏の定義する術語を表すときには「アクティブラーニング」の表記を、それ以外を表すときには「アクティブ・ラーニング」の表記を用い、三者を区別する。

4.〈アクティブ・ラーニング〉に対する教師の心構え

〈アクティブ・ラーニング〉を手法・形式から定義することにしてはみたが、

単純に手法・形式をなぞるだけでは、〈アクティブ・ラーニング〉は充分な効果を発揮しない。この点は強調しておきたいところである。本節では、〈アクティブ・ラーニング〉を意味のあるものにするための教師の心構えについて述べることとする。

　溝上 2014 では、教授パラダイムから学習パラダイムへの転換が強調されている。それは、溝上氏によるアクティブラーニングの定義の主語が「教師」ではなく「学習者」である点にも表れているのだが、「教師が何をどのように教えるか」という視点での議論から、「学習者が何をどのように学んだか」という視点での議論へと転換が図られているのだ。これは一見当たり前のことを述べているようではあるが、アクティブラーニングに関する議論が活性化される以前、あるいは現在においてさえも、「学習者」を主語とする視点は置き去りにされてしまいがちなのが実情であろう。教師が自らの授業や学習者との関わり方を考えるときに、いかに学習者の視点で考えられるかは重要である。

　ところで、主語の問題と関わって、溝上氏は「アクティブラーニング」と「アクティブラーニング型授業」を明確に区別している。溝上 2014 では、「アクティブラーニングを採り入れた授業である場合、それを教授学習の概念として「アクティブラーニング型授業（active-learning-based instruction）」と呼び、学習概念としてのアクティブラーニングとは区別することにしている」とする。つまり、「学習者」が主語となるのが「アクティブラーニング」であり、「教師」が主語となるのが「アクティブラーニング型授業」であるとうことだ。また、アクティブラーニングが組み込まれた授業を「アクティブラーニング型授業」と呼んでおり、授業全体を通してアクティブラーニングが行われることをアクティブラーニング型授業の必須条件としていない。つまり、「講義を聴く＋アクティブラーニング」という授業も「アクティブラーニング型授業」になるということである。この定義に倣い、本書でも「〈アクティブ・ラーニング〉」と「〈アクティブ・ラーニング〉型授業」を区別して用いることとする。

　話を〈アクティブ・ラーニング〉に対する教師の心構えに戻そう。主語を「学習者」にして考えることに加えて教師が強く意識すべきなのは、「手放して引き渡す」ということである。具体的には、従来は教師が（ほぼ）独占してきた、授業中に話す、教える、評価するといった行動を学習者に引き渡すこと。どのような問題を考えるのか、どのように考えるのか、どのような方法を取るのかといった選択を学習者に引き渡すこと。程度の差こそあれ、こういった転換がなされなければ、学習者の学習は「主体性」という観点からも「協働性」という観点からも起こりえない。目指すべきは、「唯一の答えを持っている教師が学習者に教える」という構図からの脱却である。そもそも、全ての面において教師が学習者より優れているわけではない。それを踏まえて様々な活動・思考の役割を学習者に引き渡すことによって、ある部分では教師と学習者が対等な立場になる。あるいは、教師がその存在感をなくしていく。そのような場が、〈アクティブ・ラーニング〉には重要である。そしてそのような場を実現するためには、教師が学習者を信頼することから始める必要がある^(注2)。

　主語を「学習者」にして考えること、教師が学習者を信頼し、占有していたものを手放して学習者に引き渡すこと。こういった教員のあり方があって初めて、〈アクティブ・ラーニング〉は意味をなすのである。

5. 〈アクティブ・ラーニング〉の効果

　〈アクティブ・ラーニング〉によって期待される効果は様々な観点から述べることができるが、古典教育という立場からいえば、次の二つに大別することができる。すなわち、古典以外にも役立つ汎用的な力の育成と、古典特有の力の育成である。前者については、主体性・協働性と関わる様々な力であり、現代社会において求められる、あるいは将来の社会において求められるであろう力である。これについて詳述するよりも、以下、本稿においては

　（2）　河口 2017 では、このような教師のあり方を教師の「アクティブ・ビーイング」と称し、授業だけではなく学校での活動全て、あるいはもっと広い場面でも共通させるべきあり方だと述べられている。

主に古典特有の力について述べることとする。

協働的な学習をするということは、他者に分かるようにアウトプットするということである。この他者へのアウトプットが知識の定着・理解の深化に大きく寄与することは、教えるという経験をしている人であれば実感として理解しているはずだ。それはもちろん、古典特有の知識の定着、古典の理解の深化についても例外ではない。したがって、〈アクティブ・ラーニング〉は古典特有の力の育成にも効果的なのである。

さらに、〈アクティブ・ラーニング〉は学習者を本文の精読へと導きやすい。古典を含め国語が得意な学習者は、ある問いに対して感覚的に答えを導き出し、それ以上は本文をきちんと読まないということがよくある。しかし協働的な学習のなかにあっては、他の学習者になぜそれが答えになるのかを質問された場合、「何となく」では答えにならない。質問された学習者を納得させるためには、改めて本文と対峙し、答えの根拠を探して精読することになる。また、他の学習者との対話を通して自分だけでは気付かなかった疑問点に思い当たり、その解消のために本文を精読するということもあるだろう。こういった効果は、もちろん国語の得意でない学習者にも期待できる。本文の精読は、古典の理解を深め、古典を読む力を一定以上に引き上げるためには避けては通れない重要な作業である。〈アクティブ・ラーニング〉には、そんな精読へと学習者を導く効果も期待できるのだ。

また、〈アクティブ・ラーニング〉は記述問題における白紙回答の減少にも繋がる。〈アクティブ・ラーニング〉では、他者に伝わるように考えをアウトプットする経験を繰り返す。そして記述問題で求められているのは、まさしく他者に伝わるように考えをアウトプットすることだ。〈アクティブ・ラーニング〉を通して他者に伝わるように考えをアウトプットする経験を重ねることで、記述式問題に対するハードルも下がるのである。

このように〈アクティブ・ラーニング〉は、古典以外にも役立つ汎用的な力の育成はもちろん、古典学習だけのことを考えても大きな効果が期待されるのである。

6.〈アクティブ・ラーニング〉（型授業）への誤解

　〈アクティブ・ラーニング〉に関して実に様々に論じられている現代であっても、〈アクティブ・ラーニング〉（型授業）に対する誤解は依然として多く存在する。本節では、そういった誤解について述べることとする。

　①講義（説明）をしてはいけない、個人の活動をさせてはいけない
　〈アクティブ・ラーニング〉への誤解として真っ先に挙げられるのがこれであろう。しかし多くの場合、何のレクチャーもなしに〈アクティブ・ラーニング〉を成り立たせることはできない。また、協働的な学習とは個人の学習が深まっていてこそより意味を持つのであり、個人の学習は協働的な学習を経ることでさらに深みを増す。つまり、〈アクティブ・ラーニング〉と講義・個人での活動は相互補完的な関係にあるのである。したがって、〈アクティブ・ラーニング〉型授業の基本的な構造は、「講義を聴く→〈アクティブ・ラーニング〉→講義を聴く→〈アクティブ・ラーニング〉→講義を聴く→……」という繰り返し、「個人の活動→協働的な活動→個人の活動→協働的な活動→個人の活動→……」という繰り返しであるといえる。なお、この構造を1回の授業のなかで成り立たせる必要はない。つまり、ある授業は講義を聴くだけ、個人の学習だけで次の授業で〈アクティブ・ラーニング〉をするという選択肢があってもよいし、授業外での活動を含めてこのサイクルを捉えてもよい。どのような場で行われなければならないかという制限はないものの、講義を聴くこと、個人で活動することは、〈アクティブ・ラーニング〉型授業を考えるうえで欠くべからざる要素である。

　②教師は何もしない／してはいけない
　「4.〈アクティブ・ラーニング〉に対する教師の心構え」において、教師

は学習者を信頼し、占有していたものを手放して学習者に引き渡すべきであることを述べた。しかしそれは、教師が何もしてはいけないということではないし、学習者に引き渡したことで教師は何もすることがなくなるということでもない。話す、教えるといったことは（あまり）しないとしても、まずもって〈アクティブ・ラーニング〉のための場をデザインし、提供することが求められる。これには、学習者が対話をしやすいコフォートゾーン（安心・安全な場）をつくるための働きかけも含む。また、学習の活性化のための働きかけを臨機応変にすることも求められるし、そのためには学習者をよく観察する必要がある。つまりは、〈アクティブ・ラーニング〉において教師は何もしなくなるのではなく、役割が変わるのである。

③知識を軽視している

〈アクティブ・ラーニング〉というと、思考力やコミュニケーション能力を育てるという印象が強く、そのため知識を軽視いているというイメージをもたれることがある。しかしいうまでもなく、広く深く思考し、コミュニケーションを図るためには、知識はなくてはならない重要な要素である。

現代、あるいは将来は知識は調べればそれで事足りる時代であるという意見もあるだろうが、たとえば『源氏物語』の冒頭の「いづれの御時にか、女御、更衣あまたさぶらひたまひける中に」[注3]を読んだときに、帝の妻には后という身分もあるという知識がなければ、ここで「后」が語られないことへの違和感に気づくことはできない。この例に見られるように、知識とは思考・コミュニケーションを深めるための視点であり、たとえ調べれば分かる知識であったとしても、すぐさま不要であるということにはならない。そして、〈アクティブ・ラーニング〉は、知識があってこそ活性化するのだといえる。

また前述のように、本稿で定義する〈アクティブ・ラーニング〉は、その目的として知識の定着をも想定している。

④時間がかかる、試験範囲が終わらない

（3）　本文は『新編日本古典文学全集』（小学館）に拠る。

　〈アクティブ・ラーニング〉型授業では時間がかかる、試験範囲が終わらないと捉えてしまうのは、二つの誤った先入観に囚われているためであろう。

　一つは、「教師が全て教えなければならない」という見方である。または、「教師が教えていないことはできない」いう見方と言い換えてもよかろう。実際には、教科書に載っていても説明の必要がない事項もあるし、教師が説明せずとも学ぶことを学習者に委ねてしまえば事足りる、あるいはその方が効果的であることもある。そんなやり方では学習内容が網羅的には定着しない学習者も出てくるはずだという異論もあろうが、では教師が全てを教えれば、全ての学習者に全ての内容が定着するのだろうか。そうでないことは明白である。こういった観点から、教師が全て教えるということをやめ、学習者に引き渡すものが増えれば、むしろ必要な時間は短くすらなる。

　上記の先入観とも関わるもう一つの先入観は、〈アクティブ・ラーニング〉は従来の授業にただプラスするものだという見方である。確かに〈アクティブ・ラーニング〉型授業においては学習者の主体的で協働的な学習がプラスされることになるが、それと反比例して、教師がしていたことをマイナスしていくことになる。増やすだけであれば時間が足らなくなるのは当然であるが、「教える」を中心とした教師がしていたことを手放していけば、時間が足らなくなることはない。

　ここまで四つの項目に分けて〈アクティブ・ラーニング〉への誤解について述べてきたが、多くの誤解の根底にあるのは、二項対立的な安易な思考であろう。「講義・個人活動」対「生徒の協働」、「受動的」対「主体的」、「知識」対「思考力」、「受験」対「社会で生きる力」等、こういった二項対立を「従来の授業」対「〈アクティブ・ラーニング〉型授業」の対応として捉えてしまうことが、多くの誤解を生む。このような安易な二項対立に囚われないことが、〈アクティブ・ラーニング〉の本質を捉えるうえで重要だ。

7. 〈アクティブ・ラーニング〉の評価

　本稿では〈アクティブ・ラーニング〉を手法・形式から定義しているが、その手法・形式は特定の目的のもとに選択されるべきであり、その目的を踏まえて「学習者が何をどう学んだか」という評価がなされなければならない。〈アクティブ・ラーニング〉における評価を考えたときには、次の二つの点が肝要となろう。

　一つ目は、パフォーマンス評価を取り入れるということである。パフォーマンス評価とは、「一定の意味ある文脈（課題や場面など）の中でさまざまな知識やスキルなどを用いて行われる学習者のパフォーマンス（作品や実演など）を手がかりに、概念理解の深さや知識・スキルを総合的に活用する能力を質的に評価する方法」のことである（松下 2016）。〈アクティブ・ラーニング〉型授業で目指されるのは、客観テストや単純な記述式問題で計れる力だけではない。古典の授業においても、〈アクティブ・ラーニング〉型授業の一要素としてのスピーチ、プレゼンテーションやディスカッションといった実演、〈アクティブ・ラーニング〉を踏まえた論文・レポート等の作品を評価の対象とするパフォーマンス評価を取り入れることが求められる。なお、パフォーマンス評価の評価方法としては、ルーブリックの使用が有効である。

　そしてもう一つ重要なのは、学習者自身が評価するということである。繰り返し述べているように、〈アクティブ・ラーニング〉においては教師が手放して学習者に引き渡すことが重要である。そしてその対象には、もちろん評価も含まれる。学習者による自己評価・相互評価や、学習者自身による評価基準の設定も含めて、〈アクティブ・ラーニング〉の評価を考える必要がある。なお、授業や単元の終わりに書く振り返りシート（リフレクションシート）は、学習者の自己評価の意味合いも持っている。

8.〈アクティブ・ラーニング〉のデメリット・危険性

　いうまでもなく、〈アクティブ・ラーニング〉とて良い面ばかりではない。本節では、〈アクティブ・ラーニング〉のデメリット・危険性について述べよう。

　一般に、〈アクティブ・ラーニング〉は思考の活性化を促す。これは深い学びに繋がるものとして良い面でもあるのだが、しかしそこでは、精神的・体力的に学習者に大きな負荷がかかることも忘れてはならない。したがって、1日の授業の全てが高次の〈アクティブ・ラーニング〉型授業であった場合、学習者は精神的・体力的に大きく消耗し、後半の授業ではその学習効果が著しく低下してしまうだろう。これを防ぐためには、1人の教員の授業デザインだけではなく、時間割編成も含めた学校全体でのカリキュラムデザインについて考える必要がある。

　次に、協働的な学習に拒否反応を示す学習者、協働的な学習が極端に苦手な学習者の問題が挙げられる。この問題の対策として、いきなり協働的な学習を強いずにアイスブレイクを行うこと、段階的に負荷をかけていくこと、当該学習者やその周りの学習者に教師が適切な声かけを行うこと、活動のなかに1人でも取り組める余地を残しておくことなどが考えられるが、難しい問題である。〈アクティブ・ラーニング〉型授業を実施するに当たっては、この問題には常に向き合っていかねばならないだろう。

9．おわりに

　以上、〈アクティブ・ラーニング〉という言葉から、いくつかのトピックについて概観してきた。しかし、重要なのは〈アクティブ・ラーニング〉という言葉ではない。また手法としての〈アクティブ・ラーニング〉ありきで授業をデザインすべきでもない。〈アクティブ・ラーニング〉型授業に限ら

24

ず、教育はまずもって目的を定めるところから始めるのが基本である。そして〈アクティブ・ラーニング〉型授業は、あくまでなんらかの目的を達成するための一手段にしか過ぎないのだ。もちろん、〈アクティブ・ラーニング〉とて万能ではない。設定した目的に対して、〈アクティブ・ラーニング〉型授業よりも一貫した講義型授業の方が良いのであれば、そちらを選ぶべきである。

しかし、〈アクティブ・ラーニング〉型授業という手段を手にすることは、設定した目的を達成するための選択肢を増やすことを意味する。また、〈アクティブ・ラーニング〉という視点を持つことで、新たに見えてくる目的もあるだろう。例えば主体性や協働性を育てるという目的は、講義一辺倒の授業のことだけを考えていては発想すら湧かないかも知れない。このように、ある目的を達成するための手段の選択肢を増やすこと、目的を設定するに当たっての視野を広げることにおいて、〈アクティブ・ラーニング〉は意味を持つ。いずれにしろ、目的ありきで考えることを忘れてはならない。

とはいえ、筆者は実のところ、〈アクティブ・ラーニング〉ありきの授業デザインを完全に否定しているわけではない。というのも、とりあえずでも〈アクティブ・ラーニング〉型授業を実践してみることで初めて見えてくるものがあると考えるからだ。そこで得られた気づきは、必ずや教員の幅を広げることになろう。

最後に、「6.〈アクティブ・ラーニング〉（型授業）への誤解」で述べた、二項対立についてさらに付け加えよう。まだ指摘していなかった、避けるべき二項対立があるのだ。それは、「〈アクティブ・ラーニング〉型授業をする／しない」という二項対立である。〈アクティブ・ラーニング〉型授業の有用性を感じたとしても、〈アクティブ・ラーニング〉型授業をする＝「毎回の授業を〈アクティブ・ラーニング〉型授業にしなければならない」、「高次の〈アクティブ・ラーニング〉型授業[注4]をしなければならない」と考えてしまっては、なかなか実践には踏み出せないであろう。そうではなく、とりあえず1回の授業を〈アクティブ・ラーニング〉型にしてみればよい。もっ

---

(4) たとえば、答えのない問いについて考える、学習者が自ら問いを設定するなどといった授業をしなければならないと考えてしまうと、学習者にとっても教師にとってもハードルが高くなる。またグループワークをするにも、そもそも対話の練習ができていなければうまくいかないことも多いだろう。なお「高次の〈アクティブ・ラーニング〉型授業をしなければならない」という誤解は、「〈アクティブ・ラーニング〉は優秀な学習者集団でないとできない」という誤解にも繋がりかねない。

といえば、1回の授業のなかで、教師が占有していたもののごく一部を学習者に引き渡してみればよい、簡単な内容のペアワークなど比較的ハードルの低い協働的な学習を短時間組み込んでみればよいというように、自分ができる範囲でまずはやってみること。それが、これから〈アクティブ・ラーニング〉型授業に取り組んでみようと考える教員に求められる。一方、〈アクティブ・ラーニング〉型授業を広めようとしている人にとっては、〈アクティブ・ラーニング〉をいかにハードルを下げた形で示すことができるかが重要であるといえよう[注5]。

【参考文献】

高木 2014　高木幹夫『「学び家」で行こう』（みくに出版　2014）

溝上 2014　溝上慎一『アクティブラーニングと教授学習パラダイムの転換』（東信堂　2014）

成田 2015　成田秀夫「アクティブラーニングとは」（河合塾編、小林昭文・成田秀夫著『今日から始めるアクティブラーニング』学事出版　2015）

松下 2016　松下佳代「アクティブラーニングをどう評価するか」（溝上慎一監修、松下佳代・石井英真編『Active Learning3　アクティブラーニングの評価』東信堂　2016）

皆川 2016　皆川雅樹「KP法とアクティブラーニング――活動あって思考・学びもあり――」（川嶋直・皆川雅樹編『アクティブラーニングに導くKP法実践』みくに出版　2016）

溝上 2017　溝上慎一「大学教育におけるアクティブラーニングとは」（溝上慎一監修・編『Active Learning4　高等学校におけるアクティブラーニング：理論編（改訂版）』東信堂　2017）

河口 2017　河口竜行「教員と生徒のアクティブ・ビーイング」とは（『学研・進学情報』2017年4月号）

奈須 2017　奈須正裕『「資質・能力」と学びのメカニズム』（東洋館出版社　2017）

---

(5)　〈アクティブ・ラーニング〉型授業を導入しやすい教材として、答えが一つに決まっている古典文法が考えられる。古典文法の〈アクティブ・ラーニング〉型授業については、II-2を参照されたい。

国語科教育と情報通信技術の活用

——学習者用端末・デジタル教科書を中心に——

加藤　直樹

【要旨】

　次期学習指導要領では、情報技術を適切かつ効果的に活用する**情報活用能力**を学びの基盤として育成することを掲げ、また身に付けた情報活用能力を発揮する（**ICT 活用**を行う）ことにより、主体的・対話的で**深い学び**へとつながっていくこと（アクティブ・ラーニング（AL）時代の学び）を期待している。ここでは、国語の学習活動における**学習者用端末**と**学習者用デジタル教科書**の活用について述べる。また、国語科教育における情報活用能力の育成についても述べる。

1. はじめに

　情報通信技術（ICT：Information and Communication Technology）の発展と社会への浸透に伴い、情報化やグローバル化が進み、予測が不可能な加速度的に進展し続ける社会になりつつある。

　「幼稚園、小学校、中学校、高等学校及び特別支援学校の学習指導要領等の改善及び必要な方策等について（答申）」では、このような社会で生きていく子どもたちに必要な資質・能力を、生きて働く「知識・技能」、未知の状況にも対応できる「思考力・判断力・表現力等」、学びを人生や社会に生かそうとする「学びに向かう力・人間性等」の三つの柱として整理している。

これを受けて、次期学習指導要領（平成 29（2017）年 3 月に公示されたもの。以下、単に学習指導要領と書いた場合はこれを指す）の総則では、主体的・対話的で深い学びの実現に向けた授業改善（アクティブ・ラーニングの視点に立った授業改善）を通して、これらの資質・能力を育むことを目指すと記述された。また、学習の基盤となる資質・能力として、言語能力、情報活用能力、問題発見・解決能力等の育成を、教科等横断的な視点から図ることとしている。

　現行の学習指導要領のもとでその育成が活発に取り組まれている言語能力と並んで情報活用能力が記載され、加えて、その情報活用能力について、情報通信技術とは切り離された部分が強調され問題発見・解決能力と同じ解釈として扱われがちになっている現状に対して、学習指導要領解説（平成 29（2017）年 6 月公表）で「……情報技術を適切かつ効果的に活用して、問題を発見・解決したり自分の考えを形成したりしていくために必要な資質・能力」と解説され、問題発見・解決能力と別個に記載されたことは注目すべき点である。冒頭に書いたように、今回の学習指導要領の改訂には、情報通信技術がもたらす社会への影響が少なからず背景にあり、情報技術を適切かつ効果的に活用する力が学習の基盤になること、そして社会で生きて行くために必要な力であることは、教育現場でもしっかりとおさえて欲しいところである。

　一方、情報活用能力が学習の基盤であるということは、その力を利用することが教科等の学びの上で重要ということになる。学習指導要領解説でも「身に付けた情報活用能力を発揮することにより、各教科等における主体的・対話的で深い学びへとつながっていくことが期待されるものである。今回の改訂においては……情報技術を……各教科等において……適切に活用した学習活動の充実を図ることとしている。」とあり、アクティブ・ラーニングの視点による授業改善の一つの方法として、教科等の学習活動における児童生徒による情報通信技術の活用（以下 ICT 活用と記す）が求められている。

　ここでは、上記にある背景を踏まえたうえで、ICT 活用として児童生徒に

よる学習者用端末と学習者用デジタル教科書の活用を取り上げ、教科等の学習活動におけるその活用方法を、AL 時代の教育方法と位置付けて述べる。筆者は古典教育に特化した研究は行っていないため、ここでは国語科教育、さらにはその他の教科にも対象を広げて記載することをご容赦いただきたい。また、AL 時代の国語科教育として育成すべき、育成してほしい情報活用能力ついても述べたい。

2. 国語科教育における学習活動と ICT 活用

学習者用端末と学習者用デジタル教科書

　学習活動における児童生徒による ICT 活用で注目されているものが学習者用端末と学習者用デジタル教科書である。学習者用端末はこれまでのコンピュータ教室に常時据え置かれたコンピュータではなく、普通教室や屋外など様々な学びのシーンで利用できる形態のものを指す（「学校における ICT 環境整備の在り方に関する有識者会議」の最終まとめ（2017 年 8 月）では、学習者用コンピュータと記されている）。I-3 でも紹介する「ICT 維新ビジョン（原口ビジョン）」での「デジタル教科書を全ての小中学校全生徒に配備」という記載からはじまり、その後、「教育の情報化ビジョン」、「学びのイノベーション事業」と「フューチャースクール推進事業」、「日本再興戦略」（2013）での「2010 年代中に 1 人 1 台の情報端末による教育の本格展開に向けた……」の記述など、常に ICT 活用に関する話題の中心になってきた。

　学習者用端末については、「2020 年代に向けた教育の情報化に関する懇談会」の最終まとめ（2016 年 7 月）では、児童生徒 1 人 1 台の教育用コンピュータ環境で授業が行えるよう ICT 環境整備目標を設定していく必要があることが示され、これを受けて「学校における ICT 環境整備の在り方に関する有識者会議」の最終まとめでは、これからの学習活動を支える ICT 環境として「授業展開に応じて必要な時に「1 人 1 台環境」を可能とする」ものと

して、3クラスに1クラス分程度の配置をすることが適当と示された。「第3期教育振興基本計画」ではこれが基本的な学習環境として盛り込まれるであろう。

　学習者用デジタル教科書の詳細はI-3で紹介されているが、少し補足する。I-3にもあるように、現在における「デジタル教科書」の定義は、2016年12月に出された「デジタル教科書の位置付けに関する検討会議」の最終まとめに記されている。この会議は文部科学省初等中等教育局の教科書課が関係した会議であり、日本の学校における「教科書」としてディジタル化したものを認める方向性を付けたものとしてとても重要なものである。一方、筆者はこの会議が開かれる前に文部科学省生涯学習局の情報教育課が実施した学びのイノベーション事業のなかで「学習者用デジタル教科書・教材等の機能の在り方」をまとめた（文部科学省学びのイノベーション事業実証研究報告書の第5章2節、以下「在り方」と記す）。位置付け会議がデジタル教科書を教科書とするために具体的な策を検討したのに対して、「在り方」では教科書をディジタル化したときのメリットを引き出すための機能を整理している。なお、加藤2015で「在り方」に整理した内容を具体的に解説しているので、興味のある方は一読いただければと思う。

　位置づけ検討会議で定義された「デジタル教科書」の内容は紙の教科書と同一としており、それ以外のコンテンツはデジタル教材としてデジタル教科書とは明確に分けている。加えて、「デジタル教科書」はコンテンツのみを指し、それを見るためのソフトウェアであるビューアを含まない定義となっている。しかし、教科書をディジタル化するメリットは、紙の教科書には含まれない画像や動画、インタラクティブな教材が連携して利用できることや、紙面への書き込みや学習履歴の記録などの機能を利用できる点にある。以下ではこの点を踏まえ、また記述が冗長にならないようにするために、紙の教科書の内容と共にその他の教材や各種機能を学習者用端末上で利用できる一つのソフトウェアシステムをデジタル教科書として記す。

　なお、学習者用デジタル教科書に関する研究は現状少ないが、デジタル

教科書の研究開発を報告しているものとして小林・加藤 2016、東原ほか 2016、実践研究を報告しているものとして谷川ほか 2016、中橋ほか 2017 などがある。

深い学びと ICT 活用

　さて、この学習者用端末や学習者用デジタル教科書はどのように学びに効果があるだろうか。今回の学習指導要領の改訂におけるキーワードに「主体的・対話的で深い学び」がある。そして、この学びを実現するための授業改善の視点としてアクティブ・ラーニングが挙げられていることは I-1 でも紹介している。学び、特にこの「主体的・対話的で深い学び」の「深い学び」は、知覚した情報を既知の情報と関係付けながら思考する活動と、知覚した情報を既知の情報と結びつけて記憶し次の深い学びに活用できるようにする活動からなる。次に、この活動に絡めて学習者用端末と学習者用デジタル教科書の使いどころを考えてみる。

　なお、ここに記すことの多くは、東京学芸大学と光村図書出版株式会社の共同研究の一環で数年にわたって実施してきた、都内小学校での学習者用端末と学習者用デジタル教科書（教材）を利用した授業実践から得られた知見である。

情報の知覚と ICT 活用

　学びにはまず思考の題材となる情報を知覚することが必要となる。外界にある情報を知覚することで、既知の知識を活性化し、活性化された知識と関連付けた思考や記憶をすることができるようになる。

　学習者用端末を用いることで、この知覚とそれに伴う思考を強化できる。学習者用端末上では、鮮明な画像、映像、web 上の膨大な情報、視覚的な情報だけでなく聴覚情報など、紙の本に比べて多種多様な情報を扱うことができる。小学校学習指導要領では「親しみやすい古文や漢文、近代以降の文語調の文章を音読するなどして、言葉の響きやリズムに親しむこと。」とあ

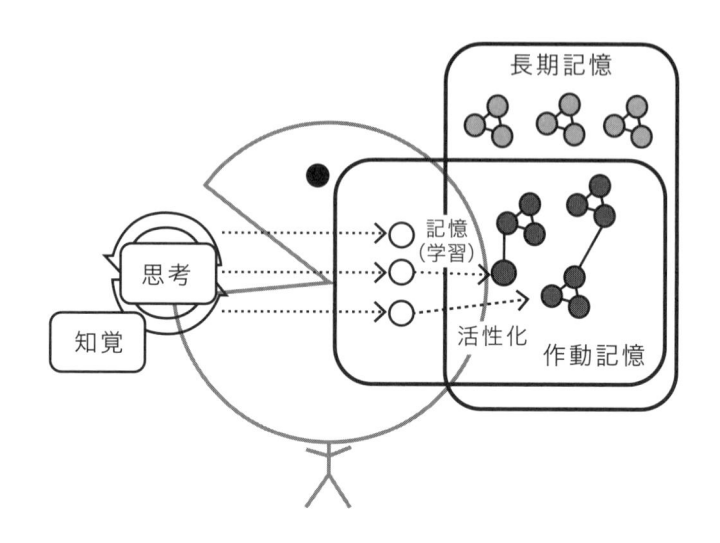

情報の知覚と深い学び

るが、文語調の文章を言葉の響きやリズムに親しむレベルで音読することはなかなか難しい。このときに役立つのが聴覚情報を提供してくれる朗読教材である。これらの情報は大型提示装置と教師側のコンピュータや AV 機器を用いることで児童生徒に対して一斉提示することもできるが、児童生徒が自らの意思（操作）による閲覧が可能になることで、知覚の自由度と質を向上することができる。たとえば、短歌や俳句の鑑賞や批評を行う場合など、自分が興味を持った作品やその一部分を何度も繰り返し聞くことができるようになるため、鑑賞活動を個別に深めることが可能になる。

　また、聴覚情報が手軽に利用できることで、古文などで読み方がわからないために学びが止まってしまうことを解消することもできる。同様の補助として、学習者用デジタル教科書の総ルビ表示機能がある。すべての漢字にルビがふってある総ルビの教科書は特別支援用として存在するが、学習者用デジタル教科書には、通常の紙面とルビがふってある紙面を容易に切り替える

ことができるものがある。漢字が苦手な児童生徒や、苦手でなくとも単元の最初の段階で新出漢字が多い場合、まず作品を読むことに集中させたいとき、したいときに有効な機能である。逆に古文では歴史的仮名遣いには既にルビが振ってあるが、これを消すことができると学びに役立つのではないかと考えるが、いかがだろうか。

　加えて、拡大を容易にできる効果も大きい。理科や社会では写真資料を多々利用する。学習者用端末では顕微鏡映像や実物投影機で撮影した映像を映し出すこともできる。その際に拡大ができることで、詳細部分をじっくりと観察することができるようになる。国語でも物語文の挿絵や説明文のグラフを大きく表示することが読む活動の助けになる。拡大は、単純に視覚的に見やすくするだけではなく、観察すべき対象だけを視野に入れることで、余計な認知の負担を減らすという効果もある。国語や算数・数学のデジタル教科書では、段落ごとや図ごとに抜き出して表示することができるものがある。この機能も拡大と同様の効果を狙ったものである。また、国語の学習者用デジタル教科書を用いた実践で多くの児童が利用していた機能がページをまたいでスクロールできる機能である。これは各ページが横につながっていて、それを横スクロールで眺められる機能である。たとえば、じっくり読みたい段

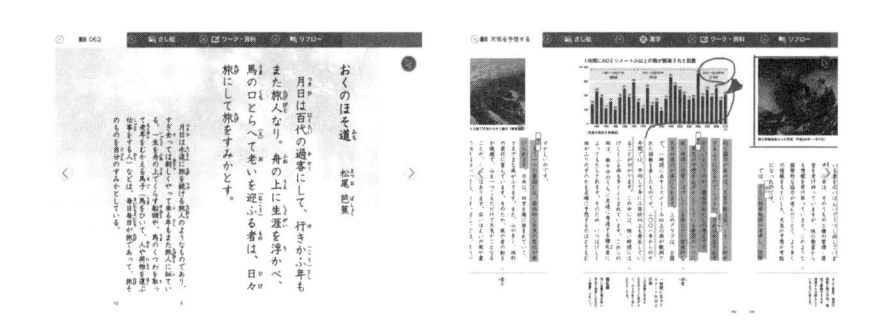

総ルビ表示機能とスクロール機能
（光村図書出版「国語デジタル教科書」5年）

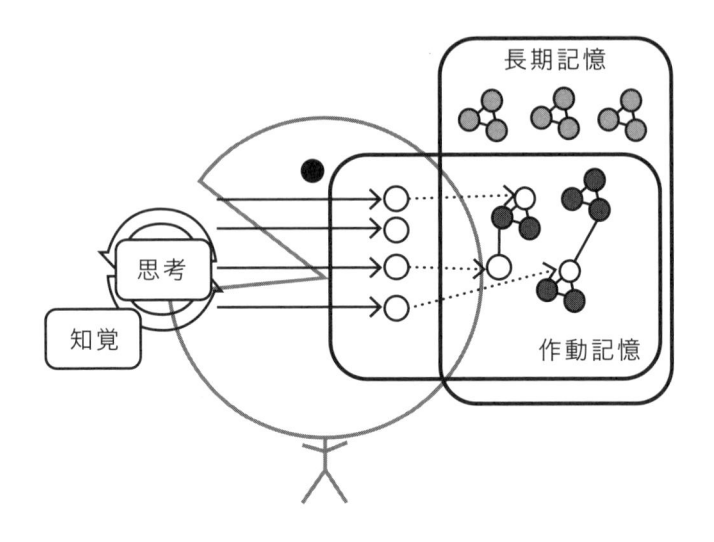

アダプティブな情報の提供

　落がページをまたいでいる場合、紙の教科書や通常のページ送り機能では、ページをめくったり戻したり、まためくったりということをしなければならないが、スクロール機能であれば、読みたい部分を画面の中心に置いて、読むことだけに集中できる。

　アダプティブ・ラーニングという言葉も最近よく耳にする。既知となっている知識は児童生徒によって異なるため、学びに必要となる情報、つまり新たに記憶すべき情報や、既有知識を活性化するための情報も個人ごとに違ったものとなる。つまり深い学びを効果的に行うためには、児童生徒それぞれに合った（アダプティブな）情報を提供する必要がある。現状では、どのような情報を与えるかは基本的には教師が選別するしかないが、日常的に学習者用端末を用いる学習環境を整えることで、日々の学習の履歴を記録し、それを基にして個々に応じた情報を提供するような仕組みが研究開発されており、教師の負担軽減が期待される。

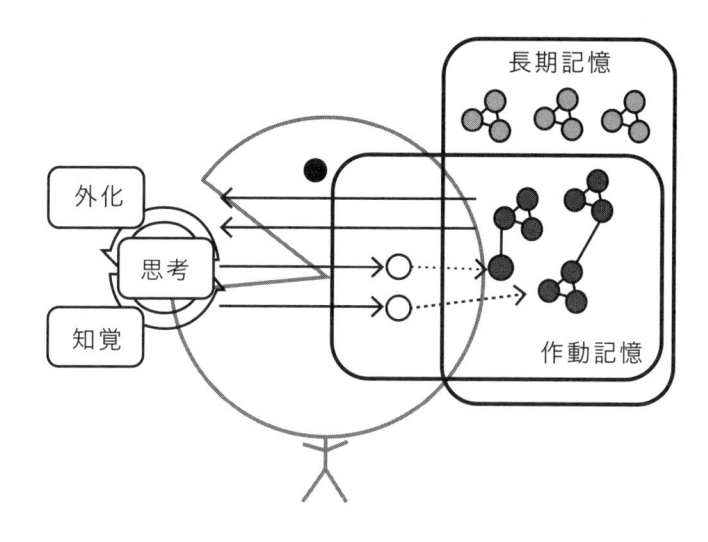

思考の外化と深い学び

思考の外化と ICT 活用

　知覚した情報と既有知識とをからめた思考と共に学びに重要な要素が、思考の経過や結果を表現、可視化、可聴化等をする思考の外化である。国語における書くこと話すことに対応する活動である。思考の経過や結果を外化するためには、自分の知識や思考を整理する必要がある。ときには本質部分を抜き出すモデル化などの高度な思考も必要となる。また、外化することで自分の思考を客観視することが可能になり、そこからさらなる知覚・思考・外化の学びの循環につながっていく。

　外化についても学習者用端末の利用は、紙を用いたときに比べて表現の幅を飛躍的に広げることができ有効である。画像、映像や音といった表現メディアの種類が単に増えるだけでなく、表現自体を支援するツール、思考を活性化するためのツールなど、様々なディジタルツールを使うことができる。そして、紙を用いる場合に比べてもっとも特長的な点が書き直しの容易な点で

ある。たとえば、発想を一つずつ付箋に書き、それらの関係付けを行いながら思考をまとめていくとき、ディジタルツールであれば付箋同士の関係を表す線を何度も書き直しながら思考マップを作っていくことができる。また、既に線を引き出した付箋の配置を移動したときには、それに合わせて線も移動し、書き直す必要がないなど、思考に集中することができる。

　非常に単純な機能であるが学習者用デジタル教科書に自由に書き込めるペン機能やラインマーカ機能は、国語の学びに有効である。国語の授業では、物語では登場人物ごとの気持ち、説明文では事実と筆者の意見などを色分けして線を引く活動をする。読み取りの結果の可視化である。また、学習指導要領では５、６年次の国語で「……図などによる語句と語句との関係の表し方を理解し使うこと」を身に付けるよう指導すると記載され、関係ある単語同士を線で結んだりする活動自体が育むべき力の育成にもなる。ところが、紙の教科書では一度線を引くと消せない、消せたとしても綺麗に消せない、ときには紙がよれてしまうこともあり、線を引くことに慎重になる児童生徒が多い。綺麗に丁寧に引こうとするために時間もかかり、却って思考の妨げになってしまうこともある。学習者用デジタル教科書を使えば、容易にまっすぐ線を引くことができ、何度書き直しても綺麗に消すことができる。実際に学習者用デジタル教科書を使った授業では、児童がとても積極的に線を引く活動を行うようになる変化が見られた。また、書く時間が短縮されること

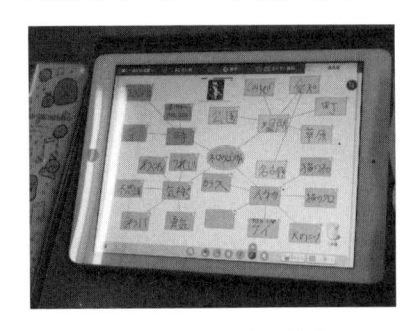 

学習者用端末を用いて思考の外化をしている様子
（右：光村図書出版「国語デジタル教科書」６年）

で考えることに時間を費やせるようになり、学びの質が向上し学力も上がったことが実践した教員から報告された。

対話的な学びと ICT 活用

　I-1 では〈アクティブ・ラーニング〉の必須条件として「学習者間での協働的な学習」を位置づけ、「協働的な学習をするということは、他者に分かるようにアウトプットするということである。この他者へのアウトプットが知識の定着・理解の深化に大きく寄与することは……」と記している。このアウトプットこそ外化であり、協働的な学習、対話的な学びには外化が不可欠となる。そして対話では、相手が理解できるように、そして興味を持ってもらえるように、関連する既知の情報を活かし、伝えるべき情報を補間することが重要になり、それが深い学びを誘発することになる。

　先に述べたように学習者用端末は外化の幅を広げるため、対話的な学びにも有用なツールとなる。学習指導要領でも小学校 5、6 年次の国語で「資料を活用するなどして、自分の考えが伝わるように表現を工夫すること」と、言葉以外のメディアの活用や表現の工夫をして他者に伝える力を育てることとしている。さまざまなメディアを統合することのできる学習者用端末など ICT の活用が向いていることは説明するまでもないだろう。加えて、資料等をディジタルツールで作成した場合、他者との対話や指摘に応じて、再度思考を進めたうえでの修正が容易であり、対話的な学びを有意義な活動にする効果もある。

　また、映像や音声を記録し、それを元に他者と学び合う実践が数多く行われている。体育や音楽、国語の音読、そして調べ学習の発表練習などで他者から評価を受ける際、言葉だけではなく自分の姿を撮影した映像をもとに客観的に見合いながら説明してもらうことで、理解の助けになる。また、撮影する側も、特に体育などでは指摘したいことを説明しやすくするアングルを考えることになり、取り組んでいる活動における重要な動きを考えるきっかけとなる効果もある。もちろんビデオカメラやディジタルカメラがあれば行え

るが、学習者用端末の方が撮影や視聴が手軽である。

　さらに、国語科の書くこと読むことの部分には、他者と感じたことや考えたことを共有する学びが散りばめられている。たとえば5、6年次には「文章を読んでまとめた意見や感想を共有し、自分の考えを広げること。」がある。この共有活動では学習者用端末を中心としたICT環境の力が発揮される。学習者用端末上に表示されている、または学習者用端末上で書いた内容を児童生徒同士で交換したり、教師側に集約してすべてを一覧表示したり、特定のものを並べて表示したりすることが非常に容易に行える。自分の活動内容が前に表示され皆に見られることを嫌がる子もいると思われたが、意外と児童のやる気を引き出す、つまり主体的な学びに効果があることが実践から得られた。また、口頭での発表に比べて短時間に共有できるため、その後の対話的な活動に時間を割くことができること、複数の考えを視覚的に同時に見ることができるため、理解や比較に集中できることなどのメリットも大きい。

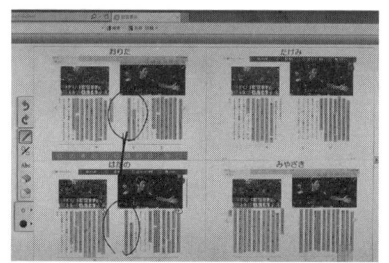

児童の思考の外化を元とした共有と対話の様子
（光村図書出版「国語デジタル教科書」4、6年）

3．国語科教育における情報教育

　「情報教育」は国語科教育とはあまり関係がないと思っている人もいるが、情報教育の三要素の一つである情報活用能力（情報活用の実践力）は、読む、聞く、書く、話すという国語科教育で育まれる力が大前提にあり、国語科教育を行うことがそのまま情報教育となると言ってもよいくらいである。ただ、先にも述べたように、情報活用能力は情報技術を適切かつ効果的に活用することが前提の力である。そして学習指導要領における国語の目標には「日常生活に必要な」と書かれていることからも、現在、そして将来の情報化された社会で必要となる国語力とは何かを考え育んでいくことが重要であると考える。

国語科教育と文字入力

　先生方によく聞かれる質問に「文字入力の方法としてフリック入力をさせても構わないでしょうか」というものがある。この質問に対する答えはいろいろな状況・条件を加味しなければならず一言で答えることは難しいが、国語科教育の道具としてコンピュータを使っている場合は、「児童生徒が入力しやすいものを使わせればよいのではないでしょうか」と答えている。文章を作る（書く作業が主でないことを示すためにあえて作るという言葉を用いる）ことが目的である活動の際に、文字の入力操作に集中しなければならないのでは本末転倒である。余談であるが、手書きでは文章が作れなかった子どもがコンピュータを利用するとすらすら作れるようになることがある。文章を作るときに道具にこだわる必要は無く、児童生徒それぞれに適した道具を選択できるようにすべきである。

　一方で、小学校の学習指導要領では、「児童がコンピュータで文字を入力するなどの学習の基盤として必要となる情報手段の基本的な操作を習得するための学習活動」を計画的に実施することとある。文字入力の手段としては

フリック入力、手書き文字入力、さらには音声入力など様々な方法があり、将来の社会でどの入力方法が主流となるかは予想できないが、現在の情報通信技術では、文字入力から文章編集までの過程全体を踏まえると、基本的な文字入力操作はやはりキーボード入力である。国語科だけに限定せず、小中学校の教育課程全体でキーボード入力を習得する学習活動を組み込む必要がある。

短文教育と情報教育

　大学の教員として学生のレポートを採点していると、段落がない、逆に一文一段落になっているなど、小さい画面上でのショートメッセージ（短文）によるコミュニケーションの影響が強く出ていることを感じる。初等中等教育では長文を作る学びを十分にして欲しいと思っている。その一方で、このようなコミュニケーションを子どもから大人までが日常的に行うようになっている現代社会においては、短文で自分の考えや気持ちを表現すること、短文から相手の意図を読み取ることが重要な力になっている。文字だけのコミュニケーション（バーバルコミュニケーション）では、話す際のイントネーションや表情などを含めることができるノンバーバルコミュニケーションに比べ伝えられる情報量が減る。これが原因となって意思疎通に障害が生じ、ときには関係が悪化することもある（フレーミング）。

　小学校学習指導要領の国語5、6年次で「言葉には、相手とのつながりをつくる働きがあることに気付くこと。」ともあり、日常生活に必要な国語力の育成としては、上記のような短文によるコミュニケーションに関する学びを取り入れていくべきと考える。国語科教育において明確に「短文」を扱うのは短歌や俳句だけであろうが、小学校学習指導要領解説では国語1、2年次の「日記や手紙を書くなど、思ったことや伝えたいことを書く活動」のところで、発達や学習状況が進んでいない場合の案として「短い文や伝言などで表す」ことを挙げている。これは3年次以上でも取り入れていくとよい活動内容ではないかと思う。また、5、6年次の「話し言葉と書き言葉との

違いに気付くこと。」について学習指導要領解説では、どちらかというと話し言葉の短所、書き言葉の長所をその特徴として記しているが、即時的（リアルタイム）なコミュニケーションにおける書き言葉の短所についても学ばせて欲しいところである。

短歌・俳句教育における ICT 活用と情報教育

　短文の話題を出したついでに、中学校における短歌・俳句の学びへ ICT を活用した授業を参観したときに考えたことを書いておく。短歌や俳句の学びでの ICT 活用では、他者の短歌・俳句を読んで、その情景に合う写真を探すという実践を目にするが、参観した授業は、自分で撮影してきた写真に対して短歌を詠む、できあがった作品も写真と短歌を組み合わせたものにするというものであった。国語的には挑戦的な実践で、国語科教育の専門家が参観した場合は、いろいろな意見が出るだろうと感じたが、短歌や俳句を詠むという活動にまったく関心が持てず、嫌々やっていた筆者としては、とても興味ある実践であると感じた。生徒たちも皆楽しそうに取り組んでいたことが印象的であった。

　文章だけでなくその他のメディアと組み合わせる表現は、自分の考えを伝える際の重要な情報活用能力である。短い文に想いを込めることが重要な表現世界であることを十分に踏まえたうえであれば、現代的な興味深い取り組みであると考える。Web で「短歌」または「俳句」および「写真」などをキーワードとして検索すると、既にそのような文化ができていることもわかるので見て欲しい。なお、この場合、たとえ国語の授業だとしても、言葉だけではなく写真も含めて表現できているかを評価することを忘れないでほしい。

7.　おわりに

　ここでは、児童生徒による ICT 活用として学習者用端末と学習者用デジ

タル教科書の活用を取り上げ、深い学びにつながる情報の知覚と外化、及び対話的な学びでのICT活用方法について述べた。また、国語科教育における情報活用能力の育成として文字入力と短文コミュニケーション、及び言葉以外の表現メディアを取り入れた国語活動の話題を取り上げた。筆者が教育の情報化に関する研究を進めていくなかで、なぜか関心を示してくれるのは国語科教育の研究者や先生が多く、その方々と共に研究を進めていくなかで得てきたことをまとめた。本書の主題である古典教育に関してほとんど取り上げることができなかったので、今後はこの分野にも取り組んでいきたいと思う。

【参考文献】

加藤2015　加藤直樹「デジタル教科書に求められる機能と仕組み」(『学習情報研究』247　2015.11)

小林・加藤2016　小林信輔・加藤直樹「学習者用デジタル教科書の在り方の考察〜書き込み活動と検定問題を見据えて〜」(『情報処理学会研究報告』2016-CE-134　2016.2)

東原ほか2016　東原義訓・宮川愛由・山崎公明・五十嵐俊子「防災教育のためのデジタル教科書・教材の開発」(『日本教育工学会第32回全国大会講演論文集』　2016.9)

谷川ほか2016　谷川航・加藤直樹・鷹野昌秋「小学校国語科での利用を通して見えた"学習者用デジタル教科書・教材"の利点」(『日本教育工学会第32回全国大会講演論文集』　2016.9)

中橋ほか2017　中橋雄・中川一史・佐藤幸江・青山由紀「国語科学習者用デジタル教科書のマーカー機能と授業支援システムの画像転送機能を活用して言葉を検討させる授業における指導方略」(『日本教育工学会論文誌』40　2017.3)

デジタル教科書の現在

坂倉　貴子

【要旨】

　教育の情報化施策の一つに、**教科書・教材のデジタル化**がある。これまで「紙」というメディアありきで発展を遂げてきた国語科教育にとって変革期に突入したと言わざるを得ないが、戸惑う教員が少なくない一方で、それを享受する生徒は**新メディア**に慣れた**デジタルネイティブ**世代でもある。この現状に我々はどう対処していくべきか。**デジタル教科書**のこれまでと現状をまとめる。

1．はじめに

　教育における ICT 活用の一環として、「デジタル教科書・教材」の存在がある。デジタル化への動きが顕著になったのは 2010 年以降のことだが、思い返せば、2010 年は間違いなく情報革新の年であった。IT 用語では「電子書籍元年」とも形容されるこの年、デジタル教科書教材協議会 (DiTT) が設立、教育業界にも例外なく電子化の波はやってきた。それまで「紙」というメディアありきで展開してきた教育現場にとって、授業に欠かすことのできない教科書がデジタル化する、というのは、甚だセンセーショナルなニュースだったに違いない。あれから数年の歳月を経て、デジタル教科書は少しずつではあるが教育現場で活用されつつある。しかし今なお戸惑う教員も少なくはな

いだろう。加えて、それを享受する生徒は新メディアに慣れきったデジタルネイティブ世代でもある。この現状に我々はどう対処していくべきだろうか。

　デジタル教科書の普及促進を見据えて 2015 年 5 月から始まった文科省の「デジタル教科書の位置付けに関する検討会議」が、2016 年 12 月の最終まとめをもって一応の決着をみた。これからの教育現場において、デジタル教科書のみならず ICT 機器のますますの普及が見込まれるなか、デジタル教科書普及の契機や経過を知っておくことは決して無意味なことではあるまい。デジタル教科書は今後、より多彩な機能を備え進化していく可能性があるが、ひとまず現時点での特徴を把握することで、すでにデジタル教科書を活用している方、これから活用を検討する方への何かしらのヒントになればと思っている。デジタル教科書のこれまでと現状を中心に、以下にまとめたい。

2. デジタル教科書をめぐるこれまでの動き

2010 年まで

　日本における IT 国家戦略の明確な契機は、2000 年森内閣の「E- ジャパンの構想」まで遡ることができよう。学校の IT 環境整備についても当時から言及されてきたが、「デジタル教科書」という単語とともに用いられるようになったのは 2009 年 12 月総務省の「原口ビジョン」からである。そこでは、「フューチャースクールによる協働型教育改革」の一環として、2015 年までに「デジタル教科書を全ての小中学校全生徒に配備」することが提言されている。

　翌 2010 年は、ネット動画やタブレット端末の大ヒット、ブロードバンド政策の展開、Facebook をはじめとするソーシャルメディアの躍進など、日本における情報化が大きく進展した年でもあった。4 月の「原口ビジョン II」において、2020 年までに「タブレット PC、デジタル教材（電子教科書）

	デジタル教科書に関する主な動き	出典
2009 年 12 月	2015 年までに小中デジタル教科書配備目標	総務省「原口ビジョン」
2010 年 4 月	2020 年までにフューチャースクール全国展開目標	総務省「原口ビジョン II」
5 月	教育コンテンツの充実政策	IT 総合戦略本部「新たな情報通信技術戦略」
	教育コンテンツのデジタル化	知的財産戦略本部「知的財産推進計画2010」
7 月	DiTT（デジタル教科書教材協議会）設立	
8 月	教育の情報化提言	文科省「教育の情報化ビジョン（骨子）」
11 月	デジタル教科書普及推進への懸念	複数学会「『デジタル教科書』推進に際してのチェックリストの提案と要望」
12 月	2015 年までに小中デジタル教科書普及目標を提言	DiTT「アクションプラン」
2011 年 4 月	デジタル教科書教材の基本機能を提案	DiTT「第一次提言」
	2020 年までのデジタル教科書普及促進	文科省「教育の情報化ビジョン」
2012 年 5 月	日本デジタル教科書学会発足	
2015 年 5 月	デジタル教科書の位置付けに関する検討会議を開始	文科省「デジタル教科書の位置付けに関する検討会議」
6 月	デジタル教科書の課題解決に向けた検討を提言	教育再生実行会議「教育再生実行会議第七次提言」
	デジタル教科書の課題解決に向けた検討を提言	日本経済再生本部「日本再興戦略」
	デジタル教科書の課題まとめ	教科書協会「『デジタル教科書』の現状と課題」
7 月	デジタル教科書へのアンケート	文科省「デジタル教科書の位置付けに関する検討会議」
12 月	デジタル教科書へのアンケート結果	文科省「デジタル教科書に関するアンケート結果」
2016 年 7 月	教育 ICT 化への様々な課題	文科省「2020 年代に向けた教育の情報化に関する懇談会最終まとめ」
	教育 ICT 化推進を強調	文科省「教育の情報化加速化プラン」
12 月	デジタル教科書の位置付けまとめ	文科省「デジタル教科書の位置付けに関する検討会議最終まとめ」

等を活用し、児童・生徒が互いに学び合い、教え合う「協働教育」について
ガイドライン化（2010 ～ 12 年度）し、これに基づき全国展開を計画的に
推進」、「フューチャースクール」の全国展開を完了するとした。前年の「原
口ビジョン」では「2015 年まで」のデジタル教科書配備を目標としていたが、
現実を見据えて 2020 年まで猶与を持たせた印象がある。

　さらに 2010 年 5 月に内閣 IT 戦略本部にて決定された「新たな情報通信
技術戦略」においても、今後の政策の一つとして「デジタル教科書・教材な
どの教育コンテンツの充実」が掲げられた。「知的財産推進計画 2010」な
どにおいてもデジタル教科書への言及がある。

　7 月にデジタル教科書教材協議会（DiTT）が設立。発起人には、三菱総
合研究所理事長・元東京大学総長の小宮山宏氏（同協議会現会長）、立命館
大学教育開発推進機構教授の陰山英男氏、NPO 法人 CANVAS 理事長・元
日本放送協会会長の川原正人氏、ソフトバンク代表取締役社長の孫正義氏な
ど、錚々たる顔ぶれが名を連ねた。同協議会は同年 12 月、デジタル教科書
教材の普及に向けた「DiTT アクションプラン」をとりまとめ、「2020 年まで」
とした政府目標を 5 年前倒しし「2015 年まで」に小中学校にデジタル教科
書普及の目標を達成することを提言する。政府目標の 5 年前倒し策につい
ては、日本の教育界における ICT 化が各国に後れをとっていたことと無関
係ではない [注 1]。

　8 月には、文科省が学校教育の情報化推進について検討を行ってきたもの
を「教育の情報化ビジョン（骨子）」としてまとめる。以降、「教育の情報化」
という用語が盛んに用いられるようになった。

　11 月になると、普及に向けたこれまでの取り組みに対して、理数系教育
に関わる 8 学会が「「デジタル教科書」推進に際してのチェックリストの提
案と要望」を文科省に提出する。これは九つの項目と四つの付記から成るも
ので、デジタル教科書普及推進への懸念がリスト化され、政府の施策がそれ
らの懸念に当たらないよう要請する形式をとっている [注 2]。同要求書には、
デジタル化は手段であり目的ではないこと、またデジタル教科書はあくまで

（1）　その後の諸外国との比較調査については、豊福 2014 や教科書研究センター「諸外国
　　　におけるデジタル教科書・教材の活用について〜平成 26 〜 28 年度科研研究現地調
　　　査から〜」（文部科学省「デジタル教科書」の位置付けに関する検討会議への提出資
　　　料　2016）などがある。
（2）「デジタル教科書」推進に際してのチェックリストの提案と要望（情報処理学会 / 日本化
　　　学会 / 日本化学会化学教育協議会 / 日本数学会 / 日本地球惑星科学連合 / 日本統計

「教育そのものを高めていく」本来の目的に適ったものであるべき、とのメッセージが述べられている。教科への興味関心や専門性をよりどころとしてきた教員にとっては、政府の推進する「教育の情報化」が、果たして本当に「教育の水準を高め」ることになるのか、という懸念もあったであろう。そのような懸念を解消する暇もないほど、デジタル教科書の波は一気に教育界に流入してきたと言っても過言ではない。「紙と筆記用具を使って」「自らの手と頭を働かせ」ることの重要性を繰り返し説いている本要求書は、そうした教育現場の声の一部を具現化したものになっている。

　このように見ると、2010年はデジタル教科書普及への動きが滞ることなく教育界に押し寄せていたことがわかる。特に、上半期は政府を中心に「教育の情報化」が盛んに提唱され、下半期はそれを受けて情報化を推し進める動きと、それに対する懸念との両方が提出されるようになった。

　デジタル教科書普及に向けた動きは、翌年からより具体的なものになっていく。

2011 年以降

　2011年4月25日「DiTT第一次提言」において、デジタル教科書・教材に想定される基本機能が提案され、続いて28日には文科省より「教育の情報化ビジョン」が公表された。前年8月発表の骨子と比較して大きく変わるものではないが、ここでは改めて2020年までの普及促進が確認され、また教員への支援のあり方について、ICT講習やICT支援員配置への言及がある。

　2012年5月に発足した日本デジタル教科書学会は、基本的にはデジタル教科書を普及促進する目的で、デジタル教科書・教材の効果と可能性を発信し続けている。学会誌『デジタル教科書研究』は、オープンアクセスの学会誌として、授業内でどのようにデジタル教科書を活用していくべきか困っている教員へのヒントにもなるだろう。

　以降、政府はデジタル教科書普及推進とともに、課題のあぶり出しを行っ

学会 / 日本動物学会 / 日本物理教育学会 2010)。
https://www.ipsj.or.jp/03somu/teigen/digital_demand.html

48

ていく。複数回にわたる学校視察に加え、2015年5月12日に「デジタル教科書の位置付けに関する検討会議」を始める。同年7～8月には意見募集（意見総数214件）、同時期に実施した保護者アンケートでは、デジタル教科書について肯定的な意見が65％、否定的な意見が35％であった[注3]。

2015年5月14日の「教育再生実行会議第七次提言」においては、教科書のデジタル化推進に向けて教科書制度や著作権などの課題解決に向けた専門的検討を行うことを確認している。また6月30日「デジタル教科書の位置付けに関する検討会議」に提出された教科書協会の「「デジタル教科書」の現状と課題」によって、デジタル教科書の当面の課題がまとめられた。

2016年7月28日の文科省「2020年代に向けた教育の情報化に関する懇談会」最終まとめでは、教育のICT化への様々な課題が浮かんできたことがわかる。が、翌29日には「教育の情報化加速化プラン」を策定し、文科省は「ICTを効果的に活用していく」情報化推進の方向性を改めて強調。そして同年12月、「デジタル教科書の位置づけに関する検討会議」最終まとめが提出されたことは先に述べた通りである。

このように、教育の情報化が提唱されてからわずか10年足らずでデジタル教科書の普及に向けた取り組みは待ったなしで進められてきた。と同時に、デジタルメディアへの盲信に対する警鐘もすでに各所で鳴らされ続けているところではある。しかし、もし今後もデジタル教科書普及推進の動きが変わらないとするならば、警鐘を鳴らすだけでなく、具体的にどう扱っていくかを模索することも重要であろう。次項では2016年12月の「デジタル教科書の位置付けに関する検討会議」最終まとめ（以下「最終まとめ」）その他の資料を見ながら、デジタル教科書の現状を掴みたい。

3. デジタル教科書の現在

定義

（3）「デジタル教科書」に関するアンケート結果（小学校・中学校編）（文部科学省2015）。

　ここで改めてデジタル教科書の定義を確認しておこう。結論から述べると、文科省はデジタル教科書が「どのようなものを意味するのか自体必ずしも明確でないのが現状」という曖昧な見解を述べながらも、教科書の意義及び位置づけを前提に「DVDやメモリーカード等の記録媒体に記録されるデジタル教材のうち教科書の使用義務の履行を認めるもの」と定義している[注4]。「デジタル教科書」は紙の教科書と内容を同一とするものであり、従って紙の教科書が検定を通っているならばデジタル教科書は検定を要しない。付随する音声や動画などは副教材扱いとなるが、本稿ではそれらのコンテンツも含めて「デジタル教科書」として見なすこととする。

　現在発行されているデジタル教科書には、「指導者用」「学習者用」の2種類がある。「指導者用」は教員が電子黒板等に投影して授業を進めるもの、「学習者用」は生徒が個々の情報端末で学習に使用するものである。

　「デジタル教科書の普及」というと、世間の多くは学習者用のデジタル教科書を想定したようだが、実際に販売が始まったのは指導者用からで、2014年になっても小中の学習者用デジタル教科書は販売されていなかった。また、指導者用は法令上「教科書準拠教材」として位置付けられており、教科書とは別の扱いとされてきた。現在では、以下に述べるように学習者用の発行と普及も進められている。

発行率・発行教科

　デジタル教科書の発行率は、教科書協会による2015年の調査では「指導者用」は小学校の27〜31年度版では90%（43種・発行予定含む）、中学校の24〜27年度版では70.7%（41種）。一方「学習者用」は、小学校の27〜31年度版では58%（28種）、発行予定3種を含めて計64%となっていた。「学習者用」の内容は教材だったり教科書の一部だったりと様々で、環境整備面の課題や児童にタブレットを持たせることの危惧もあり、十分な実績研究がなされてからでないと普及は難しいと言われてきた。

　発行教科を見てみると、「指導者用」は小学校の27〜31年度版で国語・

（4）「デジタル教科書」の位置付けに関する検討会議　最終まとめ（文部科学省 2016）。ちなみに、2011年の「教育の情報化ビジョン」では、デジタル教科書は「デジタル機器や情報端末向けの教材のうち、既存の教科書の内容と、それを閲覧するためのソフトウェアに加え、編集、移動、追加、削除などの基本機能を備えるもの」と定義されていたが、実際は教科書紙面の内容に加えて、多様な教材や機能が付加されているために一義的に定まっていない、とする。

書写・社会・地図・算数・理科・生活・音楽・図画工作・家庭・保健と、教科によってデジタル化している発行社にばらつきはあるものの、いずれの教科においてもデジタル化はなされている。中学校の 24 〜 27 年度版では、書写をデジタル化しているものはないが、国語・地理・歴史・公民・数学・理科・音楽・美術・技術・家庭・英語がいずれかの発行社でデジタル化されている。特に、地理・数学・技術・家庭・英語は未発行社がなく、いち早くデジタル化が進んでいる印象がある。「学習者用」は小学校の 27 〜 31 年度版で、国語・書写・社会・地図・算数・理科・生活・家庭・保健が発行、音楽と図画工作をデジタル化しているものはなかった[注5]。

普及率

では肝心の普及率についてはどうだろうか。以下は、指導者用デジタル教科書がある学校の割合を都道府県別にグラフ化したものである[注6]。

2016 年の全国平均 42.8％に対して、佐賀県が圧倒的な普及率を誇っている。佐賀県は教育用 PC の整備率も他県と比較して抜きんでており、教育のICT 化を牽引する。

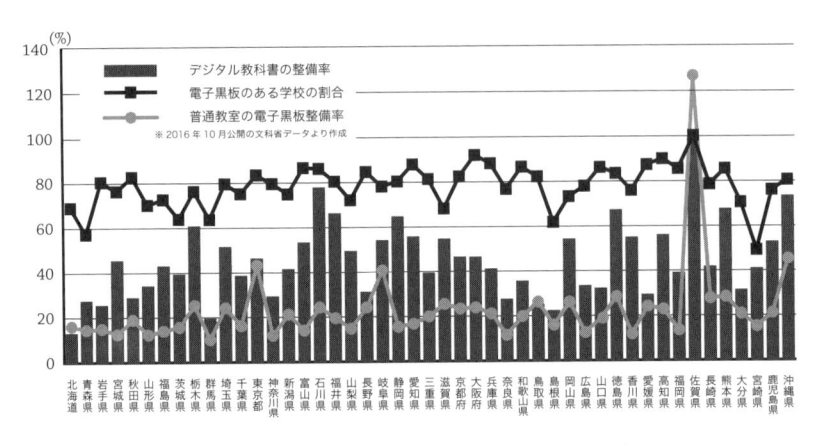

都道府県別　デジタル教科書のある学校の割合

---

(5)　「デジタル教科書」の現状と課題 (教科書協会 2015)。「第2回「デジタル教科書」の位置付けに関する検討会議　資料 3」として文科省 HP より検索可。
(6)　学校における教育の情報化の実態等に関する調査 (文部科学省 2016)。

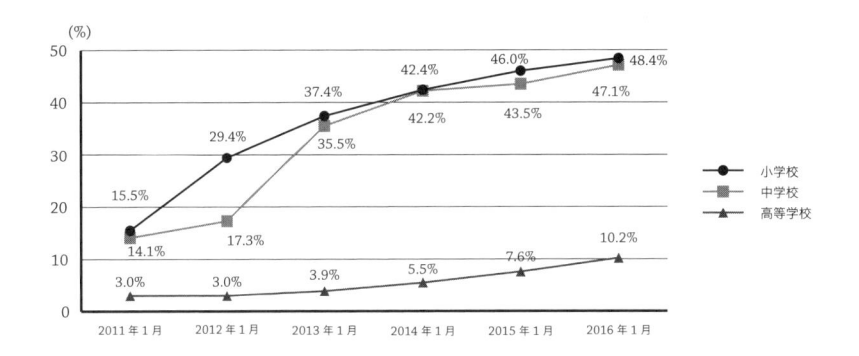

小中高のデジタル教科書の整備率の推移

指導者用デジタル教科書は、上図のように小学校の 48.4%、中学校は
47.1%、高等学校では 10.2% が整備し、徐々に電子黒板とともに現場への
定着もしつつあることがわかる[注7]。ただし高校段階においては、進路選択
等による学習内容の多様化や、義務教育ではなく教科書が有償となることに
伴う保護者負担等の問題から、普及が難しい状況にある。

課題

デジタル教科書は、選択・拡大・書き込み・作図・音声／動画再生・参照
資料機能など紙の教科書にはない機能を備えることから、「指導者用」の活
用効果として、わかりやすい授業、自由度の高い授業、授業準備の効率化な
どがメリットとして挙げられてきた。

「学習者用」については、多様な機能の搭載によって紙よりも幅広い学習
者層への対応ができる、多様なニーズに応えることができる、などといった
「可能性」が多く指摘されている[注8]。一方でデメリットとして、端末の立
ち上がりの遅さ、機器トラブル、使いにくさなども報告されている[注9]。そ
れ以外にも健康面への懸念、書くことや考える時間の減少につながる恐れ、
あるいは長期的な視点で検索できない内容に対して、自分の手と頭を使って

---

(7) (6) に同じ。
(8) 井上 2011 など。
(9) 久多里・斉藤 2013 など。

答えが出すことができない大きなデメリットが示唆されてもいる。

　デジタル教科書普及への課題は、その活用効果について「期待・可能性」と「懸念・限界」という両極端のせめぎ合いのなか、どのように完全導入にこぎつけるかということになろう。

　デジタル教科書の導入時期について、これまでは「2020 年までの導入」を繰り返し提唱してきた政府であったが、「最終まとめ」では「可能な限り、次期学習指導要領の実施に合わせて導入し、使用することができるようにすることが望ましい」としており、やや軟化している。

　現状のデジタル教科書に残された課題を挙げれば、政策・コスト・環境整備・著作権などの法整備・標準化（ビューアなどの非標準化によって児童の混乱を招く恐れあり）・教育観など、山積しているのである。

どう向き合うか

　改めて我々は教育の情報化にどのように向き合っていくべきか。もう一度、文科省の「最終まとめ」に戻ろう。重要な指摘なので、少し長くなるがなるべくそのまま引用する。

　　デジタル教科書の導入の目的は、あくまで児童生徒の学びを充実させることであり、現在の紙の教科書に代えて、デジタル教科書の導入を闇雲に進めることが目的ではないということを常に忘れてはならない。

　　デジタル教科書が、紙の教科書とともに学校現場で使用されることを通じて、（中略）授業研究や指導計画の充実や見直しのきっかけに結びついていくことを期待するものであるが、デジタル教科書の導入は、教科書が新たな学びや学習ニーズに対応していくために重要な意味を持つものである一方で、我が国の教育水準の維持・向上に重要な役割を果たしてきた教科書制度に大きな一石を投じるものである。

　　このため、デジタル教科書が、児童生徒の学びの充実に資するものとして、我が国の教育現場に円滑に根付いていくためには、（中略）関係

者間で密接な連携を図るとともに、様々な機会を通じて、デジタル教科書の導入に向けた考え方や具体的な活用方法等について、広く情報提供や普及・啓発を行う等により理解促進を図ることが必要であり、そのための取組に際し、本報告書がその一助となることを期待したい。

　また「最終まとめ」では、デジタル教科書の活用方法として以下の3パターンを挙げる。

①紙の教科書を主として使用し、補助教材としてのみデジタル教科書を用いる。
②紙の教科書を主として使用し、一部デジタル教科書を紙の教科書に代えて用いる。
③デジタル教科書を主として使用し、補助教材として紙の教科書を使用する。

　これらに拠れば、現時点では紙の教科書の存在を否定するのではなく、紙とデジタルとの共存が想定されていると言えよう。
　教育が、「社会において」生きる力の養成を目的とするものならば、政府が提唱する「生きる力」とは、当然のごとく21世紀の社会のあり方に根ざしたものとなろう[注10]。それは、いわゆる「知識基盤社会」「クラウド時代」への対応力、ということになる。たしかに今の日本において情報弱者とならないような全国的取り組みは求められることにちがいない。
　これに対する現場教員の「戸惑い」とは、極めて率直に言うならば、小中学生期における「生きる力」とは、むしろデジタル化のなかにあってもデジタルに頼ることなく、手間を惜しまない実体験や他者との生の関わり合いからこそ育まれるもので、そこにどれだけデジタルが入り込むことを許容すべきか、と、このように考える大人が少なからず存在するということなのだと思う。なぜなら、実際の教育現場においては、スマホやネットゲームなど、

---

(10) 幼稚園、小学校、中学校、高等学校および特別支援学校の学習指導要領等の改善及び必要な方策等について（答申）（文部科学省 2016）。

すでにデジタル依存に近い小中学生がわんさと存在するのだから^(注11)。このような子どもたちに、授業のなかでさえタブレット端末を持たせたらどうなるか。あまりの手軽さゆえ、デジタル端末は紙と筆記用具ほどの深い思索をもたらし得るのかという疑念があることも大きい。デジタル化する社会のなかで、アナログなものにこそ可能性と価値を見出してきた教員が、「紙」の価値を再発見し、紙教材への揺り戻しが起こり得ることも理解できることである。

　こうした懸念に対して政府の「最終まとめ」は、デジタル教科書の利用に対する「誤った理解」であるとし、できるだけ早期に情報提供や啓発を行っていく必要があるとする。生徒が、スマホやネット依存といったデジタル媒体の「受け手」になるのではなく、「活用者・利用者」となれる力の育成こそが望まれていることは言うまでもない。すでに社会は、一つの「正解」ではなく、数多ある情報を総合的に処理して「最適解」を導き出す時代へと変化している。

　そのように考えると、「教育の情報化」に教員がどう向き合うかについても、結局のところ、現場に即した我々教員自身が「正解」のない「最適解」を求めて、一人一人がもがくほかないのである。そのためのヒントが、オープンアクセスな実践報告や学会誌など、これもまたデジタル社会のなかにたくさん転がっているということなのだろう。

　知識基盤社会での情報活用能力。めまぐるしく変化する社会のなかで、学生時代にそうした時代を生きてこなかった教員世代にとっては、苦しみの時代の到来である。本当の意味での「生きる力」とは何か、どのような力を、いつ、どのように育むべきなのか。極めて大きな問題を今一度突きつけられているように思う^(注12)。

4. 国語科（古典）におけるデジタル教科書

(11) 2016年スマホ依存に関する調査（MMD研究所 2016）。スマートフォンを所有する15歳〜59歳の男女553人を対象にした、スマートフォン依存についてのアンケート結果。10代で「かなり依存している」と答えたのが21.6％、「やや依存している」を含めると73％。
https://mmdlabo.jp/investigation/detail_1563.html（最終閲覧日2017年11月20日）
(12)「教育基本法」も参照されたい。

発行状況

　もう少し具体的に、国語科（古典）におけるデジタル教科書の発行状況について見ておくことにしよう。2017 年調査段階での指導者用デジタル教科書の発行状況は以下の通りである。

指導者用デジタル教科書発行状況（2017 年現在）

小学校/中学校(国語)		高等学校（古典 A）		高等学校(国語総合)		高等学校（古典 B）	
東京書籍	○	東京書籍	×	東京書籍	○	東京書籍	×
学校図書	○	三省堂	×	三省堂	○	三省堂	○
三省堂	○	教育出版	×	教育出版	×	教育出版	×
教育出版	○	大修館書店	×	大修館書店	○	大修館書店	×
光村図書出版	○	文英堂	×	数研出版	○	数研出版	○
		筑摩書房	×	明治書院	○	文英堂	×
		第一学習社	×	筑摩書房	○	明治書院	×
				第一学習社	○	筑摩書房	○
						桐原書店	○

＊明治書院（高校国語総合）、三省堂（古典 B）は 2018 年 3 月より販売予定。

　学習者用デジタル教科書については、「学習者用」として指導者用とは別に発行している場合と、学習者用としては発行せず「指導者用」の機能を削ってタブレット端末に入れる、あるいは PDF データとして使用が可能な場合とがある。概ね、指導者用デジタル教科書の機能を減らしたものが学習者用と見ておいてよいだろう。指導者用デジタル教科書が編集可能な機能をいくつか有しているのに対して、現在の学習者用デジタル教科書は、必要と思われる機能のみ、なるべくシンプルになっている。

　高等学校では国語総合のデジタル化が最も早く、それに次いで採択数の多い古典 B のデジタル化が増えていく段階にある。古典 B のデジタル化は始まったばかりであり、今後もデジタル教科書の機能については各社工夫を凝らして、より一層の充実が図られるはずだ。

　技術的な課題で言えば、デジタル教科書を処理する ICT 機器が古いとページの読み込みに時間を要するおそれがあること、また教科書を見るためのビューアが非統一である点が挙げられる。シェアの大きいビューアとして、日立がシステム開発を行う CoNETS、ACCESS が開発を行う Lentrance Reader などがある。したがって、学年によってビューアを新たにインストールしたり、操作方法に慣れる必要が生じたりする点は今後の課題となるだろう。

基本機能と活用

　学習者用デジタル教科書の機能と活用については I-2 で紹介されているので、ここでは主に指導者用デジタル教科書について見ていくことにする。

　発行社によって違いはあるものの、指導者用デジタル教科書の基本機能として、選択・拡大・移動・書き込み・消去・見開き・画像貼付・動画などへのリンク・スナップショット・ふせん・保存・発問・フラッシュカード・タイマー・白黒反転などがあり、古典のオリジナル機能としては、朗読・品詞分解・現代語訳・暗誦補助などが搭載されている。ネット環境の未整備によって使える機能が制限される場合もあるが、それらはあくまで補助的な機能なので問題はないだろう。

　こうした機能を踏まえて実際に授業で活用することになるわけだが、総じて、デジタル教科書によって柔軟に多量の情報を生徒に提示することが可能になると見てよい。

　古典の授業を想定すれば、原文やカラー資料を拡大提示し板書時間の短縮をねらうことができる。仮に電子黒板がなくても、白黒反転機能を使えば黒板をスクリーンとして原文を投映することも可能だ。補助機能として搭載されている朗読機能は、できることなら教員の肉声による音読の方が望ましいが、音読中に生徒の様子を細かく見たい場合や、教員による音読が困難な場合には使える機能だろう。授業内で暗誦練習をしたい時には原文を一部ずつ提示できる暗誦補助機能を、導入として作品について簡単に把握させたい時

にはデジタル教科書内に用意されている説明動画を活用できる。動画や図資料へのリンクはまだ数が豊富とは言えないが、今後増えていけば授業準備の大きな負担軽減となるだろう。足りないと思われる部分は事前に教員が編集を加えておくことで、必要な時に必要な資料へ少ない動作で移動することができる。

　このように、膨大な情報の整理や処理が時間をかけずに行えるという点ではデジタルが適している。カラー資料や動画を容易に見せることが可能になるため、生徒の視覚に訴える効果は大きいと言えるだろう。何より全員が顔を上げて前に掲示された「同じもの」を見ることで、共有性が増す。生徒それぞれが手元で同じ資料を見ていたとしても、下を向かれていると表情が見えないし、小さな反応も把握しづらくなってしまうが、共有性が増すことで協働的な活動にもつなげやすくなるメリットがあると言えよう。ただ、生徒の手元に残しておきたい資料については注意が必要である。全体で見て理解できればよいもの、生徒の手元に残しておきたいものは分けて考えた方がよい。

　こうした機能を駆使して「対話的・主体的で深い学び」に繋げていくためには教員の工夫と力量が必要とされる。デジタル教科書の機能から授業のヒントを得ることもあるだろう。本稿をまとめるにあたり、筆者はいくつかの指導者用デジタル教科書を操作してみたが、慣れるまでに多少の時間は要するものの教員の授業デザインに柔軟に対応できる印象を受けた。注意されねばならないのは、デジタル教科書の活用が、より深い理解、深い思考に繋がるよう活用されるのが望ましいということである。手軽さやわかりやすさに踊らされて「楽しく」過ごすことだけに執着するのではなく、「深く」考える視点を忘れてはならない。

紙とデジタルメディア

　生徒一人一人がタブレット端末を持つ必要のある学習者用デジタル教科書の普及にはまだ時間がかかるだろう。デジタルと紙の併用が提唱されている

ことからも、紙の教科書が授業現場から消えることは当面の間想定しがたい。しかし、もっと先の将来はどうであろうか。たとえば30年後、紙の教科書は生徒にとって主要な教材として君臨し続けているだろうか。我々はその模索の最中にあるが、教科書のデジタル化が進められている今、いったん原点に立ち戻り、デジタルと紙の特性についても考えておく必要があるのではないか。

　マーシャル・マクルーハンの「メディアはメッセージである」という言葉は、"情報内容がどのようなメディアを通して伝達されたかによって人間の受けとめ方が大きく異なる"ことを意味する。記録の歴史において、「紙」は他の様々な媒体を退けて、長いあいだ重要な記録媒体としての位置を占めてきた。はじめに述べたように、それは必然的に教育の歴史から見ても紙は欠かせないものであったことを意味する。特に古典は、写本時代も含めて紙に書かれた情報を扱うという側面がある。教科書で古典を読むこと自体が、すでに編纂者や校注者の意図を通している点で原典から距離を置くものではあるが、デジタル化することでさらに遠のくような気もしてしまう。

　ともあれ長いあいだ主要な媒体は紙であり、我々は紙面に載せられた情報から多くのことを学んできた。紙と比較した時、デジタル教科書の機能的利便性は否めないが、しかしもっと根本的な、メディア自体が児童生徒に与える影響はどのようなものだろうか。

　情報処理学会のある調査報告によると、ディスプレイの視覚的不快感（チカチカする等）はかなり改善されてきており、読みやすさや速度ではもはや紙と遜色ないが、文章理解や記憶となると紙媒体の方が優位だという[注13]。認知科学の分野においては、現時点で総じてデジタルより紙の方が長期記憶に有利であるという共通理解があるようだ。電子書籍だと読後に内容が記憶としてあまり残らなかったり、細かい表現を見るには紙の方が良いと感じたりする人がいるかもしれない。これは人間の複雑な認知構造に由来すると考えられている。たとえば長文を読む場合、視覚から入った情報は脳内の長期記憶貯蔵庫に格納されていかなければ一連のストーリーを再構成できない処

---

(13) 小林・池内 2012。

理構造になっているというが、その際、人間は先天的に持っている情報と後天的に獲得した情報とを複合的に処理する高次な認知過程を経る。したがって幼少期から紙のメディアの方により多く接してきた世代は、しぜんデジタルへの違和感が払拭しきれず、紙媒体の方が長期記憶にも適していることになる。電子書籍がいまだ紙の書籍を凌駕できないのも、そうした多くの世代にとって、デジタルディスプレイが長期記憶貯蔵庫に格納できるレベルまで進化できていないからだとする見方もある。

　ここで問題になるのは、では幼少期から紙ではなくデジタルメディアを主として接してきた真のデジタルネイティブ世代がいたら、デジタルディスプレイに対して違和感をおぼえなくなるのか、ということである。つまり、人間にとってデジタルは先天的に違和感をおぼえさせるものであるか否かという問題だが、これについては議論が分かれるところで、デジタルディスプレイへの違和感が人間の生得的なものなのかについてはいまだ解明されていない。現代日本においても、幼少期に紙よりデジタルメディアの方により多く触れてきた、という世代は主流ではないだろう。しかし、近い将来、そのような世代が出てきてもおかしくはない。この問いが科学的に解明されるのはそう遠くない未来のことなのかもしれない。

　一方で、「紙」というメディアが、他のメディアを淘汰してきた要因として、「紙と人間との親和性」を指摘する尾鍋 2012 の論がある。紙は、時代や地域によって品質の変化はあれ、つねに木材を中心とする植物性繊維から作られてきた。その素材に先天的に人間は親しみや安らぎを感じ、文字情報が人間の脳内にストレスなく定着しやすいことを知ったというのだ。そのうえで現在のデジタル教科書について、尾鍋氏は「人間の基本的成長に必要な知識は、電子教科書から読むのでは長期記憶装置に定着しにくくなると思われ、少なくとも初等教育の段階では導入への慎重な配慮が必要」と述べる。

　デジタルディスプレイはまだ発展途上にあり、人間の感覚との調和が追求され続けている。少なくとも今の段階で「紙の進化したものがデジタルメディアである」という誤解があるならば解かれなければならないだろう。それを

踏まえたうえでデジタル教科書を扱う必要がある。メディアの選択は政治や経済とも関わるが、要するに、何でもデジタルに置き換えればよいのではなく、現状のデジタル技術で適しているか否かで判断するのがよい。児童生徒にデジタルディスプレイで学習させることについて、今後は認知科学の観点からより多くの検証が行われることを期待したい。

教員に求められる力

　児童生徒のICT活用能力を育むということは、すなわち教員にその指導力が求められているということでもある。

　教育の情報化に伴って、学校で使われるICT機器にもバリエーションが出てきた。教員が持っていたいICT活用能力とは、単なる機器の操作技術だけではない。機器を選択する能力、電子情報を作成する能力、授業を展開する能力、収集した情報をリアルタイムで適切に処理する能力等である。ICT機器をどのような位置づけ・意味づけで利用するのかは学習設計と密接に関係するし、選択肢が増える分、全体設計は十分に練られなければならない。授業を展開するための文脈を構築する力とは、とりもなおさず教科の専門力であろう。

　このように考えると、なかなか高度な要求ではある。しかしここで主張したいのは、機器に振り回されることなく必要だと思った時に可能なものを使用すればよい、ということだ。使わなければならないという強迫観念に駆られると、機器の使用が先立つため選択肢が狭まり授業準備も滞る。教員が「やらなければならない」という思考で授業をすると、生徒は大抵それに気づく。一番良くないのは、それに気づいた生徒が、教員を見てこの程度でいいのだと学んでしまうことである。教員が自信を持って生き生きとしていなければ、ICT機器の良さも失われてしまうだろう。理解させたい、話し合わせたい、記録したい、配布したい、共有したい、掲示したい、集計したい、動かしたい……などの教員の要求に、アナログ以上に適確に応えてくれる道具として選び取っていければよいのだ。もちろん、そのために予め機器の特性を学ん

でおく必要はある。「主体的・対話的で深い学び」の実現の困難さを感じた
時に、今まで自身が取らなかった手法を試してみるのも一つの選択である。

6.　おわりに

　記録という歴史で見れば、デジタルはまだ萌芽期にあるメディアであり、
その市場も拡大傾向にある。違和感のなさや心地よさで言えば、現状ではデ
ジタルメディアは紙に及ばない。しかし、折り曲げ可能なデジタルペーパー
ディスプレイが日本でも開発されているように、デジタルは視認性や質感
など紙の特性に限りなく接近していくことが予測されるし、また他方では
紙をデジタルディスプレイに近づけ融合する研究も進められている。たと
えば、紙に書き込んだ情報をコンピュータで消したり書いたりする Hand-
rewriting 技術があれば、紙と筆記用具を使いながら離れた場所にいる人と
同じ紙面を共有し議論することが可能になるだろう。VR 技術の普及が進め
ば、教室にいながら平安京散歩ができたり、『源氏物語』の桐壺更衣になっ
たつもりで宮中を移動してみたりできるようになるかもしれない。紙に起こ
された文字情報を読み取って想像力が養われるのが古典文学の魅力でもある
が、技術の発展に伴ってこれからの古典はよりリアルなものとして生徒の眼
前に立ち上がってくるのだろうか。紙とデジタルディスプレイは今後も共存
の道を辿るのか、あるいはデジタルが紙の完全な進化代替となるのか、もし
かしたら植物性繊維から成る紙が貴重品になる時代が再来するのか、デジタ
ル時代の辿り着く先は見えていない。
　我々はデジタルメディアがつねに完璧ではないことを理解していれば、デ
ジタルに振り回されることもあるまい。「使わなければならない」を脱却し、
「使える」への転換が一度でもなされれば、それは多様な授業展開への扉を
一つ開いたと言えるだろう。本書後半にある各校の実践報告は、デジタルメ
ディアを活用したものも含め、古典教育の〈アクティブ・ラーニング〉に向

き合った授業実践となっている。ぜひご参照いただきたい。

【参考文献】

井上 2011　井上文敏「デジタル教科書の活用と課題」(『Educo』25　2011)
http://www.kyoiku-shuppan.co.jp/educo/2093.html (最終閲覧日 2017
年 11 月 2 0 日)

小林・池内 2012　小林亮太・池内淳「表示媒体が文章理解と記憶に及ぼす
影響 ── 電子書籍端末と紙媒体の比較 ──」(『情報処理学会研究報告』
2012-HCI-147　2012.3) http://id.nii.ac.jp/1001/00081257/ (最終閲覧
日 2017 年 11 月 2 0 日)

尾鍋 2012　尾鍋史彦『紙と印刷の文化録 ── 記憶と書物を担うもの ──』(印
刷学会出版部　2012)

久多里知美・斉藤直子「デジタル教科書・教材が導入された学校の現状から考え
る」(『全国大学国語教育学会発表要旨集』124　2013) http://ci.nii.ac.jp/
els/contents110009670295.pdf?id=ART0010147411 (最終閲覧日 2017
年 11 月 2 0 日)

豊福 2014　豊福晋平「北欧における初等中等教育の情報化 ── 学校教育 1:
1/BYOD 政策とその背景 ──」(『コンピュータ＆エデュケーション』
37　2014) https://www.jstage.jst.go.jp/article/konpyutariyoukyoui
ku/37/0/37_29/_pdf (最終閲覧日 2017 年 11 月 2 0 日)

大学教員養成課程における国語科と情報教育

大学 1 年　小・中・高の国語教科書

ICT 活用：電子黒板　パワーポイント　e-learning

【要旨】

　アクティブラーニングの時代にあって、各教科における **ICT** の活用は、必要不可欠な要素となろう。しかしながら、その根幹を支える大学教育は未だ十分に整備されたとはいえないようである。大学の教員養成課程における国語科と情報教育科目の実践例を紹介し、「教科と情報」の教育の可能性と問題を考えたい。

1．はじめに

　「教育実習生 IT 使って授業　東京学芸大　小学校で挑戦するプロジェクト」。2017 年 7 月 25 日付けの毎日新聞 17 面に、東京学芸大学（以下、単に「本学」）加藤直樹准教授による、ICT を教育実習で活用するプロジェクトの話題が掲載された。加藤准教授は、本学近隣の複数の小学校と協力して ICT 教育の推進プロジェクトを進めており、その一つに、教育実習生による ICT 活用がある。この、ICT 活用を中心とした教育実習が実施されている背景に、大学の教員養成課程における ICT 教育の限界があることも、紙面で

紹介された。現場で求められる ICT スキル、知識等を学び取るには、大学での授業時間数が不足している。実際、本学に設置されている、各教科の内容に即して ICT を学ぶ授業は 1 年次の半期しかない。毎日新聞に紹介された教育実習生は、筆者のゼミ生でもある。実習終了後、話を聞くと、ICT には苦手意識がある上、ICT による授業の機会は 1 年次以来、経験がなく、初めはとまどったという。が、教育実習期間で実際に活用するスキルを学ぶことができ、その効果に刺激を受けたとのことであった。

　アクティブラーニングの時代にあって、各教科における ICT の活用は、必要不可欠な要素となろう。しかしながら、その根幹を支える大学教育は未だ十分に整備されたとはいえないのが現状であることが指摘されている。今後、教員養成の課程において、どのように ICT 教育を推進していくのが望ましいのであろうか。

　筆者は従来、国語科における ICT 活用の必修科目を担当してきている。これまでの実施内容に基づき、国語を例に、大学における教科情報教育のあり方を探索的に検討したい。

2．教科と情報

　教科指導における ICT の活用については、文部科学省により以下が示されている[注1]。

　　教科指導における ICT 活用とは、教科の目標を達成するために教員や児童生徒が ICT を活用することである。学習指導要領解説では、各教科等において随所に ICT 活用が例示されている。これらは、1) 学習指導の準備と評価のための教員による ICT 活用、2) 授業での教員によるICT 活用、3) 児童生徒による ICT 活用の 3 つに分けられる。(p.46)

---

(1) 教育の情報化に関する手引 (文部科学省 2010)。

このうち、筆者の携わる教科情報教育は「2）授業での教員による ICT 活用」に該当する。これは、「2）授業での教員による ICT 活用とは、教員が授業のねらいを示したり、学習課題への興味・関心を高めたり、学習内容をわかりやすく説明したりするために、教員による指導方法の一つとして ICT を活用することである。」（同頁）とされる。

さらに、同じ資料の「指導の効果を高める方法の研究や研修」には、以下のような記述がなされている。

> 小学校、中学校、高等学校及び特別支援学校の学習指導要領解説総則編では「それぞれの情報手段の特性を理解し、指導の効果を高める方法について絶えず研究することが求められる」と記述されている。（中略）
> 　そこで、具体的には、児童生徒がつまずきやすい学習場面や、指導に困難を感じる場面を取り上げ、ICT を用いて、どのように指導するとわかりやすくなるかといったことを明らかにしたり、ディスカッションしたりする授業研究や研修が考えられる。また、ICT を活用した指導場面を取り上げ、模擬的な授業をお互いに行う研修も考えられる。（p.71）

ICT を活用するにあたり、具体的な場面を想定した議論・研究、研修の必要性が、明確に説かれている。

上記のような文部科学省の方針に対し、現在の日本の学校教育における ICT の取り組みはどのように進んでいるであろうか。野中 2016 は、OECD（2015）に示された PISA2012 の調査結果に触れ、日本の学校における、生徒の ICT 活用の頻度は 9 項目（グループワークやコミュニケーション、個別の宿題など）のうち 5 項目で各国中最低、かつ、全ての項目で週 1 以上活用している生徒の割合 10%以下となっており、一方、ICT 活用の頻度が高い国においては、これらの割合が 50%超であることを指摘している。さらに、「そもそも、世界では、教師の ICT 活用は調査対象にもなっておらず、

指導における ICT 活用は大前提となっている」と述べ、日本での達成度は
7〜8 割といった程度であることも指摘し、非常に厳しい現実を示している。
フィンランドにおける授業実践を紹介し、ほぼすべての教室で実物投影機や
電子黒板が活用されているといった実例も紹介されている。

　従来の日本型の学びにも利点があると考えられるが、学び方の方略が転換
しつつある今、ICT 活用は基本的なスキルといってよく、まずは教員による
ICT 活用が十分に習熟されていくべきと考えられる。

3. 国語科における ICT の活用

　冒頭で紹介した加藤准教授は、国語科の学習指導要領に触れ、その目標が、
情報教育の目標にほぼ一致すると指摘している [注2]。一見すると遠い存在で
あるように思えるが、日常生活において「ことばによる情報」(「言語情報」)
は主要な範囲を占めており、「国語」と「情報」は密接な関係にあるといえる。
学習指導要領等、関係する記述を以下に示す。

　　「言葉による見方・考え方を働かせ、言語活動を通して，国語で正確に
　　理解し適切に表現する資質・能力を次のとおり育成することを目指す。
　　(中略) 日常生活における人との関わりの中で伝え合う力を高め、思考
　　力や想像力を養う。」(平成 29 年小学校学習指導要領)

　　「課題や目的に応じて情報手段を適切に活用することを含めて、必要な
　　情報を主体的に収集・判断・表現・処理・創造し、受け手の状況など
　　を踏まえて発信・伝達できる能力」(「情報教育の目標」[注3] 文部科学省
　　2010)

　国語科と情報の関係について、堀田 2016 は、中央教育審議会の教育課程

---

(2) I-2 を参照いただきたい。
(3) (1) に同じ。

部会国語ワーキンググループの、平成 28（2016）年 5 月 31 日公表の取り
まとめ（案）に触れ、「これらの記述を読むに付け、国語科における学習が、
日本語を的確・適切に取り扱う力の育成の中核となっており、それが情報活
用能力の育成の根幹であることがますますクローズアップされる。」と指摘
している。これらから、国語科における情報教育は、国語の授業を改善して
いく手がかりであるだけでなく、情報そのものへの理解、学習を促進する、
重要な位置にあると考えられる。

4. 大学教育における教科と ICT

　本学国語科では、ICT を用いた模擬授業を受講生が作成し、発表すること
を通じて、実践的に学ぶことを試みている。本稿では、当該授業において実
際に受講生が作成した資料等を振り返ることで、大学における「教科と情報」
の教育の可能性と問題点、および国語科と ICT の可能性と問題点を指摘し
たい。また、古典における ICT 活用例を紹介する。まず本節で、授業の概
要を説明する。

（1）「国語科と情報」科目

　「国語科と情報」は、各科目の内容に即した情報教育の実践を目指した、
本学の各学科において 1 年生を対象に「○○科と情報」の科目名で実施さ
れている授業の一つである。科目名は統一されているものの、その内容は、
教科別に異なることから各学科に任されている。国語科では、従来、河添房
江教授を中心に 2 クラス、2 名の教員で担当している。筆者が 2008 年度に
着任する以前に、現在の進め方が検討され、実施されてきている。
　受講生は、初等教育課程と中等教育課程の国語科の学生、および他学科の
学生数名である。初等国語科の学生は 80 名程度（2015 年度からは約 90 名）、
中等国語科の学生は 20 名程度で、合計およそ 110 名が受講する科目となる。

学期の初回から4回ほどまでは合同授業を実施し、以降は2クラスに分かれ、一方は初等国語科のみ、他方は初等と中等の混合クラスで授業が進められる。1クラスの出席者数はおよそ50名前後となる。

授業のねらいとしては、国語の授業において、教材をICTでどのように扱えば効果的か、あるいは、どのような教材がICTに適しているか、それらの問題点は何か等を実践的に学ぶことにある。

(2) 内容

シラバスの概要を表1に示す。学期の前半では講義形式で授業を行い、後半では学生が演習形式で実践的に学ぶ内容となっている。

表1 「国語科と情報」シラバス (2016年度実施内容)

	内容
第1回	ガイダンス
第2回	教科と情報1：教育の情報化概論
第3回	ICT機器操作、プレゼンテーションのガイダンス
第4回	教科と情報2：教科指導と教育の情報化
第5回〜最終回	演習形式での授業：2クラスに分かれ、グループ発表による実践と討論

「教科と情報」の回では、情報科の加藤直樹准教授、国語科の細川太輔先生を講師として招き、教育の情報化や国語科における情報教育の実践等を講義形式で学習する。教育の情報化に関する最新の話題や動向、国語科における情報教育について、実践例を踏まえ、具体的に学ぶことができる貴重な機会となっている。これに加え、1回は情報機器操作を学ぶ内容とし、電子黒板の使い方を、実際に触れながら学習することとしている。

後半の演習形式の授業は、2名1組（場合により3名1組）で、小・中・高の国語科の教材を取り上げ、15分程度の模擬授業を、ICT機器を用いて

行う発表となっている。プレゼンテーションソフト（パワーポイント）、デジタル教科書等を用いて授業を構成するよう指導している。教材の選定は発表者に任せているが、初等国語科の学生は小学校教材を扱うなど、それぞれの分野に応じた選択となっていることが多い。また、15 分をどのように使うか、すなわち、実際の授業のはじめの 15 分、あるいは終わりの 15 分とするか、45 分を短縮した 15 分とするか等、それぞれで検討し、発表の準備を進めることも指導している。

　発表に加え、5 分程度の質疑応答を行い、筆者の担当クラスでは e-learning システムを用い、「掲示板」機能によって、全受講生がコメントを書くことも授業内容に含めている。そのねらいとしては、発表への感想を求めることで全員の主体的な学びを促進することに加え、キーボード操作の基本確認と習熟、多数の人が目にする媒体へ掲載する際にふさわしい文章表現の選択といった情報モラルの学習がある。

(3) 事前の指導

　発表形式での授業が中心となる。1 年の秋学期に設置された授業であり、発表形式に不慣れな学生も多く、かつ、ほとんどの学生にとって、模擬授業を行うのは本授業が初めてとなる。また、電子黒板に触れたことがない学生も多い。そこで、表 1 の「第 3 回」の授業で、発表の事前指導として、電子黒板およびデジタル教科書の使い方を説明して実際に学生自身が触れる機会を設け、過去の発表資料を呈示して、パワーポイントを作成する際の注意点等を解説している。教師の持つべき ICT 技術に目を向けた授業である。

(4) 電子黒板デモンストレーション DVD 資料

　電子黒板を活用した模擬授業例の動画を収めた DVD 資料を、2012 年に作成した(白勢 2012)。本資料は、前年度に電子黒板を用いて模擬授業を行った学生に依頼し、再演し、記録したものである。電子黒板の操作を、実例を踏まえて学ぶことができる。事前の指導に使用し、参考としている。原稿用

紙の使い方、古典文学（『源氏物語』）等の模擬授業が収められている。

5．筑波の活用例から

　授業実践の事例を中心に、教科学習における ICT 活用をまとめた筑波大学附属小学校情報・ICT 活動研究部 2016 に、「ICT が備え持つ効果・特性」として、以下の 9 点が挙げられている。「教師が ICT の使用場面を決定するときの目の付け所」とも書き添えられており、具体的な授業の場面に応じた活用ポイントであると捉えられる。

視覚化	焦点化	共有化
理想化・仮想化	再現性	フィードバック・確認
繰り返し	加工	試行錯誤の容易さ

　国語科に関していえば、例えば「視覚化」について、次のような活用場面が挙げられている（前掲書、p.16）。

　　テキストに書かれている情報を視覚化し、物語のあらすじや、説明文の構成・論理に気づかせるようにする。

　「各教科における ICT 活用のアイデア」の章では、国語に関してさらに「省力化」「即時性」のことばも挙げられている。これらの「効果・特性」は、授業にどのように ICT が活用されたかを捉える指標になりうると考えた。そこで、以下では、大学の授業で実施された模擬授業での ICT 活用を、上記の観点により分類し、捉えていきたい。

6. 模擬授業の分類

(1) 分析データのプロフィール

　過去実施された模擬授業の発表資料を、3年分、分析した^(注4)。総件数は72であった。対象学年、ジャンルによる内訳を表2、3に示す。なお、「説明文」には評論文、意見文を含め、随筆は「物語文」に含めた。「古典文学」には、散文、韻文どちらも含めた。

表2　対象学年（実数）

	件数
小学校低学年	7
中学年	20
高学年	14
中学校	23
高等学校	8

表3　ジャンル（実数）

	件数
物語文	15
説明文	13
詩	3
古典文学	13
中国古典文学	3
言語	23
書写	2

　小学校対象の模擬授業が中・高より多いが、これは初等教育課程の受講生が多いことによる。小学校内で比較すると、中学年対象のものが多かった。高等学校の8件のうち、半数の4件が古典文学を扱ったものであった。少ないながら、小学生対象の模擬授業にも古典文学があり、「先取り」となる古典文学の苦手意識をなくすことが目的となっていた。

　対象時数について、今回は分析しなかったが、筆者の別稿（白勢2017）で詳細を検討したところ、授業計画の第1時を対象としたものが多く、ICTの利用は、導入時に適していると捉えられたと考えられた。

---

　(4) 分析対象は、2013〜2015年度の3年間である。

72

（2）指標に基づく把握

　対象とした 72 件の模擬授業資料について、筑波大学附属小学校情報・ICT 活動研究部 2016 が示した観点を指標として、ラベル付けを行って分類した。ラベル付けにあたっては、各資料につき最大 3 項目とした。例えば、ある中 3 の説明文の模擬授業資料に対し、「焦点化」「試行錯誤」「省力化」の 3 ラベルを付与した。教材文から扱う段落を抜き出してスライドに表示し、そこからキーワードを抽出していることから、文章を板書する手間を「省力化」し、さらに「焦点化」したと捉えた。また、最終時のまとめとして教材文全体からキーワードを挙げ、それらをカテゴリーに分ける作業を行う学習活動が想定されており、これを、生徒役の学生を指名しつつ、パワーポイントのアニメーション機能によりキーワードを指定の枠内に移動する内容で進めたことから、「試行錯誤」と捉えた。

　指標となる 10 の観点は、ICT 資料であればどれにも当てはまるようなものばかりではあるが、対象資料をより的確に表すような、特徴的なラベルを付与するよう心がけた。

表 4　指標の該当数（実数）

	件数		件数
視覚化	42	フィードバック・確認	14
焦点化	22	反復性	5
共有化	20	加工	6
理想化・仮想化	3	試行錯誤	20
再現化	14	省力化	33

　ラベル付けしたところ、「視覚化」が最も多い結果となった。「視覚化」ラベルを付与したのは、教材の難解な点や語彙を、画像や動画の視覚情報を用いてわかりやすくイメージさせる工夫がある場合である。パワーポイントを

利用していることから、比較的容易に取り入れられた効果と思われる。これに加え、「ことば」を「ことば」で説明することが多い国語の授業の特質にも関連して多くの活用例が見られたのではないだろうか。「ことば」を「ことば」の言い換えでなく、他の素材で表現して理解促進できることに、ICTの利点が活用されている。

　次いで、「省力化」が多く、これも国語で有利に活用できる点として取り入れられたといえるのではないだろうか。主に、デジタル教科書のように、教材文の表示がなされた際に付与した。従来の国語の授業では、模造紙に教材文を書き、短冊にして黒板に磁石で貼る方法が取られている。手書きのよさ、板書との連携がよいなど、利点もある一方で、書き込むと再利用できない、一度だけの使用でも劣化が大きいなど、不便な点もある。ICTであれば劣化せず繰り返し使え、さらに、視点を固定しやすいという利点も期待できる。

　「焦点化」「共有化」「試行錯誤」がおよそ20程度、ラベル付けされている。まず、「焦点化」であるが、テキスト量の多い単元からキーワードを取り出す、導入時に中心となるキーワードを取り出す、挿絵の一部のみを表示するなどの工夫が見られた。パワーポイントのアニメーション機能などを工夫することによって、テキスト情報の多い国語の教材のどこに焦点をあてて授業が進んでいるか、明瞭に示すことができ、有益であろう。

　「共有化」は、筑波大学附属小学校情報・ICT活動研究部2016では児童・生徒が作成したノートやワークシート、作品を書画カメラ等で呈示・共有するものとして位置づけられているが、本稿では、テキストや画像を単に見せるだけでなく、それらに基づいて何らかの発問・応答がなされるもの、つまり、教員―児童・生徒、また、児童・生徒間に理解が共有されることをねらいとしたものも「共有化」に分類した。ただし、他の項目間との差異が明瞭でなく、扱いに苦慮した項目でもある。

　「試行錯誤」は、児童・生徒の考えや活動がICTに反映される場合に付与しており、「教員によるICTの活用」というより、児童・生徒にICTを活用「させる」学習を意味しているといえる。例えば、訓点の学習で白文のみを示し、

点を生徒につけさせる授業などが含まれた。

（3）五つの観点が示すこと

　上に挙げた五つの観点は、大学で実施された模擬授業でよく取り上げられたものであり、実際の授業実践で効果があるかどうかは問えない。しかしながら、大学1年生という入門者の段階でも扱いが容易な要素といえ、ICTに馴染みのない教員でも取り組みやすいといえる。また、テキスト情報に依存しがちな国語の特性から見ても相性がよいと思われた。

　本稿で参考とした、筑波大学附属小学校情報・ICT活動研究部2016において、実践例が4例、紹介されており、ここでの分析と同様に、それぞれに観点が三つずつ表示されている。これらを見ると、「視覚化」「共有化」「省力化」が複数の実践例にあり、「試行錯誤」も見受けられ、これらが、現場においても効果が期待できる要素であることがうかがえる。

7. カバーできていないこと・限界

　一方で、該当件数の少ない指標もある。「理想化・仮想化」「再現化」「フィードバック・確認」「反復性」「加工」である。特に、「理想化・仮想化」「反復性」「加工」が見出されにくかった。これらに目を向け、授業の改善点、また、教科と情報の指導における問題点等を考えたい。

　まず、特に少なかった、「理想化・仮想化」「反復性」「加工」について、観点別に詳細を表5に示す。これらに共通していえることは、単に画像を表示するなどといった単一の操作ではなく、付加的な情報も同期させるなど、複合的な操作が求められる点ではないだろうか。例えば、「書写の模範」では、自身が毛筆で書いたものを画像として取り込み、これに情報を付加させて示す授業となっていた。「反復性」「加工」のラベルが付与された模擬授業では、いずれも、テキストと画像、あるいは画像同士を組み合わせ、複合的

表5　観点と場面、例

	場面	例
「理想化・仮想化」	問いへの「答え」ではなく、児童・生徒ができるだけ達成すべき「模範」が示されている	・音読の工夫方法が示されている。 ・書写で模範が示されている。
「反復性」	同一の情報を繰り返し用い、付随する情報を変化させることで理解を深める	・同一の熟語を繰り返して表示し、構成の説明、文中の用い方など、多角的に説明する。
「加工」	一つの情報を複数に分解する、変換する	・漢字の成り立ちの学習で、一枚の画像を部分に分解し説明する。

に情報を示した内容となっていた。結果として非常にわかりやすい内容の授業となっており、ICT ならではの効果が印象づけられた。これらの資料を作成するには、ある程度、ICT を理解、習熟している必要がある。つまり、前述の 5 観点のような、入門者でも取り組みやすい側面とは反対に、不慣れな者にとっては達成しにくい要素であると考えられる。加えて、習熟していても、作成まで時間を要すことが推測される。

　これらを踏まえると、教員養成課程の授業として、複合的な操作に習熟できるような指導を配慮すべきではないかと考えられる。授業時間数の制約もあり、従来、少なくとも筆者の授業では、アプリケーションの利用も含め、パソコンスキルの具体について、明示的に時間を割り当てることができていない。体験的・主体的に学習するような構成で進めてきており、学生個人の力では、十分に学び取ることが難しい場合もある。今後、改善していくべき問題だと考えている。時間数に加え、教科書となる書籍類の不足も課題として感じている。ICT の教育に関する書籍類に多数目を通したが、そのほとんどが実践的なものであったり、児童・生徒の活用が中心であったり、大学入門期の学習内容には不向きであった。体系的に、さまざまな機能・効果に触れることができるような、大学生向けの参考書があることが望ましいと考えている。

　「再現化」「フィードバック・確認」の2点に言及すると、両者を区別してラベル付けすることが困難であったという、評価者側の問題があったことを指摘したい。いずれも「再生」がキーワードとなっており、例えば、琵琶法師を知るために琵琶法師の演奏動画を再生するなら「再現化」、児童・生徒の作成した内容を再生し、理解を確認・共有するなら「フィードバック・確認」と捉えた。しかし、両者の切り分けが難しい場合もあった。さらに、話題を戻すと、「共有化」との判別も簡単ではなかった。また、本稿で「観点」、「指標」、「ラベル」の語を使って表現してきているが、これらも統一が必要と考えた。今後、ICT教育を進めていくにあたり、評価する観点を整備することも考慮すべきではないかと、本稿の分析を通じて感じた。指導する上でも、「何のためのICTなのか」「ねらいは何か」を具体的に意識することにより、現場に即した知識、技術が身についていきやすい。しかしながら、私見の限り、評価の視点、観点を、明瞭に示した論は少ない。今後の課題となるのではないだろうか。

8．事例紹介

　ここで、一例として、実際に学生が作成した模擬授業のスライドを紹介したい。小学校5年生「古文を声に出して読んでみよう」（東京書籍）の単元で、最終時、『平家物語』の暗唱に挑戦するという授業内容である。スライドは、本稿末尾の資料をご覧いただきたい。模擬授業の主要部のスライドを表示した。以下、ねらい・授業計画等、資料作成者の内容から引用して示す。（なお、紙幅の都合上、感想・反省、参考資料等のスライドは省略した。）

【教材】「新しい国語」（5 年・上　東京書籍）

　「古文を声に出して読んでみよう」

【ICT を活用する利点】

　・児童の古典学習への興味・関心を高める。

　・音読を繰り返して行う暗唱は児童にとって苦痛に感じやすいが、ICT を
　　工夫して活用することによって楽しいものになるのではないか。

【授業目標】

（小学校学習指導要領より抜粋）

〔伝統的な言語文化と国語の特質に関する事項〕

（ア）親しみやすい古文や漢文、近代以降の文語調の文章について、内容の
大体を知り、音読すること。

　・著名な古典の冒頭を音読する活動を通して、内容の大体を知り、古文に
　　親しむ。

　・著名な古典の冒頭を知ることで、児童に今後の古典学習への興味をもた
　　せる。

　・古文の日本独特のリズムや長年培われてきた美しい語調を感じながら、
　　楽しく暗唱する。

　（これまでの学習：3 年生 1 月「俳句に親しもう」、4 年生 1 月「『百人一首』
を声に出して読んでみよう」）

【授業計画】

　5 年生　7 月中旬（全 3 時間）

　1 時間目：「竹取物語」冒頭から古文の存在を知らせ、内容の大体をつかみ、
　　　　　　音読する。

　2 時間目：「徒然草」「平家物語」冒頭を音読し、内容の大体をつかむ。教
　　　　　　科書にある三つの古典冒頭について、グループで工夫して音読する。

　3 時間目：他の古文作品の冒頭部分を用意し、音読する。（30 分）
　　　　　　「平家物語」冒頭の暗唱に挑戦する。（15 分）
　　　　　　　→スライド作成部分

　内容としては、『平家物語』の暗唱練習であり、黒板と短冊を用いた従来型の授業でも実践可能ではあろう。しかしながら、手書き、手作りにより実際に作成してみると時間がかかり、授業の進行も手間取る面がある。例えば、大きな短冊を複数用意し置いておく場所の確保、文字の大きさと一致した短冊をスムーズに取り出すこと等、入念な用意が必要となる。一方、紹介した模擬授業では円滑に授業が進行でき、ICT を用いるねらいが明確で、効果的な内容に構成されているといえる。

9．まとめ

　以上、筆者の大学における授業実践を紹介しつつ、大学教育における ICT 教育のありようを探ってきた。授業も本稿も、探索的な面が大きいが、今後の改善に向け、問題点を整理できたと考えている。本稿を通じ、教科に即した ICT 教育の、教員養成課程における重要性を再認識した。今後は、ICT 教育にグループワークを積極的に取り入れる等も、試みていきたい。

　末筆ながら、本稿へスライドの一部の掲載をご許可くださった菅谷えみこ氏に深謝いたします。

【資料】模擬授業　スライド

1

まずは音読してみよう！

祇園精舎のかねの声、
諸行無常のひびきあり。
娑羅双樹の花の色、
盛者必衰のことわりをあらはす。
おごれる人も久しからず、
ただ春の夜の夢のごとし。
たけき者もつひにはほろびぬ。
ひとへに風の前のちりに同じ。

2

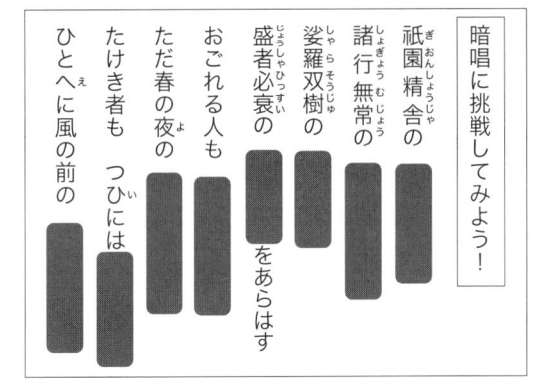

暗唱に挑戦してみよう！

暗唱の手始めとして、一部を図形で隠す。

3

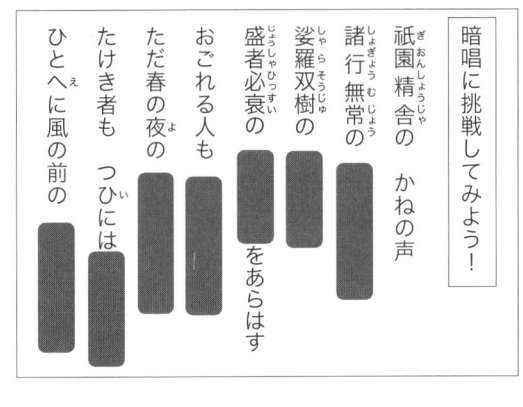

暗唱に挑戦してみよう！

暗唱に合わせ、図形を展開してテキスト情報を表示していく。

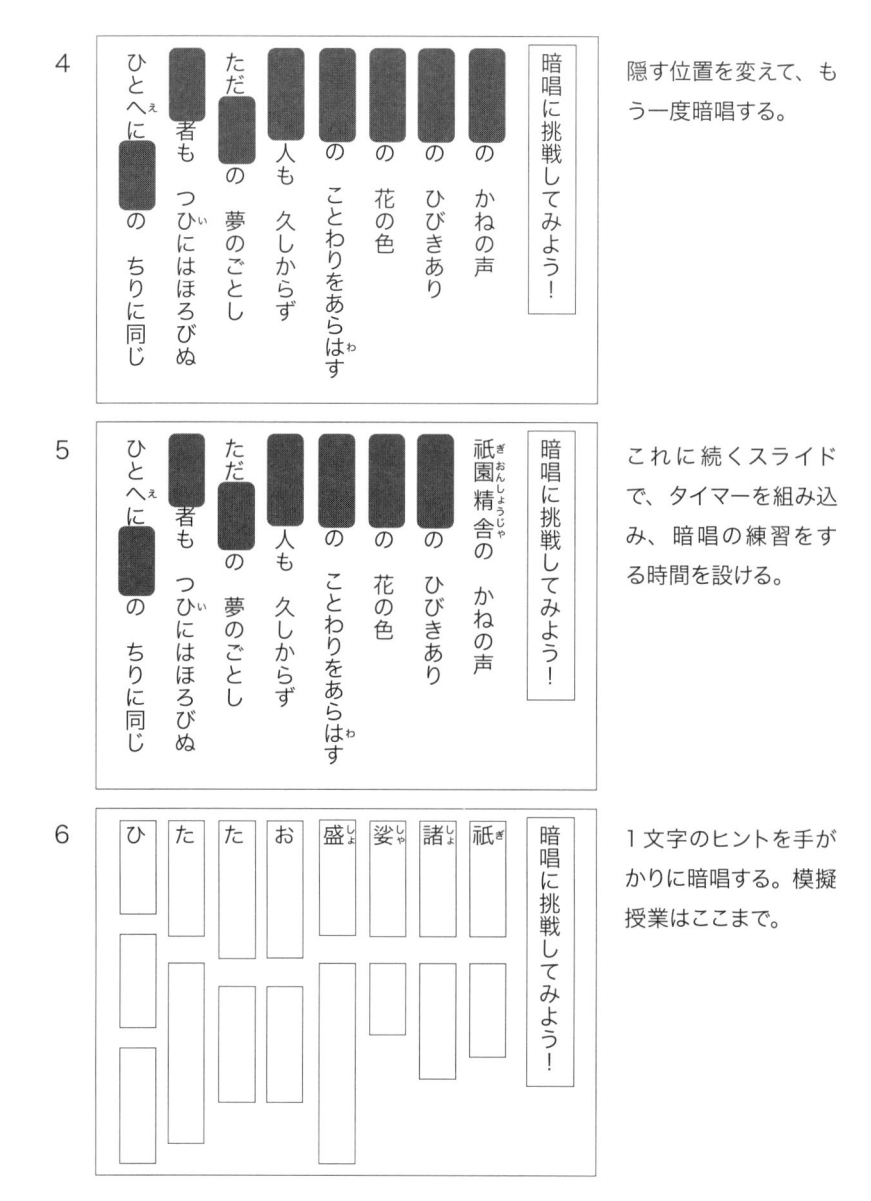

4　　隠す位置を変えて、もう一度暗唱する。

暗唱に挑戦してみよう！
　□　の　かねの声
　□　の　ひびきあり
　□　の　花の色
　□　の　ことわりをあらはす
　□　人も　久しからず
ただ　□　の　夢のごとし
　□　者も　つひ（ひぃ）にはほろびぬ
ひとへ（ぇ）に　□　の　ちりに同じ

5　　これに続くスライドで、タイマーを組み込み、暗唱の練習をする時間を設ける。

暗唱に挑戦してみよう！
祇園精舎の（ぎ おんしょうじゃ）　かねの声
　□　の　ひびきあり
　□　の　花の色
　□　の　ことわりをあらはす
　□　人も　久しからず
ただ　□　の　夢のごとし
　□　者も　つひ（ひぃ）にはほろびぬ
ひとへ（ぇ）に　□　の　ちりに同じ

6　　１文字のヒントを手がかりに暗唱する。模擬授業はここまで。

暗唱に挑戦してみよう！
祇（ぎ）
諸（しょ）
娑（しゃ）
盛（しょ）
お
た
た
ひ

【参考文献】

白勢 2012　白勢彩子「国語科　電子黒板を用いた授業」(DVD)（私家版 2012）

筑波大学附属小学校情報・ICT 活動研究部 2016　筑波大学附属小学校情報・ICT 活動研究部『筑波発　教科のプロもおすすめする ICT 活用術』（東洋館出版社　2016）

堀田 2016　堀田達也「国語科の授業に期待される情報活用能力とは何か」（『日本語学』35-9　2016.8）

野中 2016　野中陽一「授業における情報機器の活用」（『日本語学』35-9　2016.8）

白勢 2017　白勢彩子「国語科と ICT：大学教育における実践」（平成 28 年度人文社会科学系教育支援研究成果報告書『国語科教育における日本語学・日本文学の今日的課題』東京学芸大学人文社会科学系日本語・日本文学研究講座　2017）

第Ⅱ部　実践編

主体的・対話的で深い学びのある小学校古典学習

小山　進治

小学1・5年　昔話「かぐやひめ」『枕草子』『平家物語』他
AL技法：シンク・ペア・シェア　リフレクション　グループワーク
ICT活用：電子黒板　デジタル教科書　ソフト「わくわく古典教室」

【要旨】
　小学校の古典学習で最も大事にしたいことは、**教材そのものの魅力**に触れさせることである。そのためには、**発達段階**に合った**教材の提示の仕方**や**言語活動の工夫**が必要である。今回の実践では1年生で昔話、5年生で中学校でも学ぶ親**しみやすい古文の冒頭部分**を扱う。内容のおもしろさや言葉に興味・関心をもたせ、**シンク・ペア・シェア**、**グループ学習**、**リフレクション**、**ICT活用**などの学び方を取り入れ、アクティブ・ラーニングの視点から「**主体的・対話的で深い学び**」のある古典学習をめざす。

1. はじめに

　平成20(2008)年告示の学習指導要領から、各学年年間数時間ではあるが、古典学習は小学校から行われている。扱う教材は、低学年で昔話・民話、神話、中学年で短歌、俳句、ことわざ、故事成語、高学年で親しみやすい古文・漢文、古典について解説した文書を中心とした配列となっている。特に以前は

中学校の古典学習の導入教材として扱われていた『竹取物語』『平家物語』『枕草子』の冒頭部分が小学校高学年の親しみやすい古文の教材として定着してきた。これらの教材は扱う場面は違うにしても中学校や高校の古典学習でも幅広く扱われ、発達段階を考えた様々な実践が行われている。中学校や高校の古典学習を充実させるうえでも、小学校の古典学習は古典教育の要となっており、教材配列の検討も含め、どのように古典との出合いをするかという学び方の工夫がさらに必要とされている。

　また、平成 28（2016）年 12 月の中央教育審議会答申の一部 ^(注1) では、小学校における伝統的な言語文化や古典学習の扱いについて次のように取り上げている。

　　　現行学習指導要領の国語科においては、実生活で生きて働き、各教科等の学習の基本ともなる国語の能力を身に付けること、我が国の言語文化を享受し継承・発展させる態度を育てること等に重点を置いて、その充実が図られた。

　小学校古典学習の充実を考えて、今回は小学校 1 年と 5 年を中心に実践を試みた。1 年で昔話を扱う学習を行う際、「かぐやひめ」を中心に学習を展開した。これは昔話や民話との魅力ある出合いをすることで、小学校高学年での古典学習における抵抗が若干少なくなるのではないかと考えたからである。そして 5 年で親しみやすい古文を扱う学習では音読のみに終わらせずに、ICT 活用によって内容の理解を促す解説を加えて、古典への関心を高める実践を試みた。ICT の効果的な活用が古典教材の難しい言葉や背景を補うだけでなく、古典のおもしろさを深くつかませる機会となり、中学校や高校での古典学習に緩やかに継続していくと考えたからである。

（1）　幼稚園、小学校、中学校、高等学校及び特別支援学校の学習指導要領等の改善及び
　　必要な方策等について（中央教育審議会　2016）。

2. 主体的・対話的で深い学びとアクティブ・ラーニング

　1. で取り上げた中央教育審議会答申では、アクティブ・ラーニングの視点からの授業改善が重視されている。そして具体的な方策とし「主体的・対話的で深い学び」という言葉が提示された。関係する部分を引用すると次のような内容になる。

　○　「主体的・対話的で深い学び」の具体的な内容については、以下のように整理することができる。
「主体的・対話的で深い学び」の実現とは、以下の視点に立った授業改善を行うことで、学校教育における質の高い学びを実現し、学習内容を深く理解し、資質・能力を身に付け、生涯にわたって能動的（アクティブ）に学び続けるようにすることである。

　①　学ぶことに興味を持ち、自己のキャリア形成の方向性と関連付けながら、見通しを持って粘り強く取り組み、自己の学習活動を振り返って次につなげる「主体的な学び」が実現できているか。

　子供自身が興味を持って積極的に取り組むとともに、学習活動を自ら振り返り意味付けたり、身に付いた資質・能力を自覚したり、共有したりすることが重要である。

　②　子供同士の協働、教職員や地域の人との対話、先哲の考え方を手掛かりに考えること等を通じ、自己の考えを広げ深める「対話的な学び」が実現できているか。

　（中略）

③　習得・活用・探究という学びの過程の中で、各教科の特質に応じた「見方・考え方」を働かせながら、知識を相互に関連付けてより深く理解したり、情報を精査して考えを形成したり、問題を見いだして解決策を考えたり、思いや考えを基に創造したりすることに向かう「深い学び」が実現できているか。

子供たちが、各教科等の学びの過程の中で、身に付けた資質・能力の三つの柱を活用・発揮しながら物事を捉え思考することを通じて、資質・能力がさらに伸ばされたり、新たな資質・能力が育まれたりしていくことが重要である。教員はこの中で、教える場面と、子供たちに思考・判断・表現させる場面を効果的に設計し関連させながら指導していくことが求められる。

　このようにアクティブ・ラーニングの視点が盛り込まれた形で平成 29 (2017) 年 3 月告示の学習指導要領が改訂され、国語科においても、「主体的・対話的で深い学び」を実現する授業改善が重要視されている。
　しかしながら、小学校においては、言語活動の充実を図る授業改善以来、アクティブ・ラーニングの視点における授業の取り組みが実際に行われてきたのではないかと筆者は感じている。中村和弘氏の言葉を引用すると、

これまでの小学校の授業は、意図しなくても、多くの教室でアクティブ・ラーニングを取り入れた教え方の工夫がされてきました。実態として、既にアクティブ・ラーニングは行われてきたといえます。これからは、それを意図的・計画的に行うことを目指そうというものです。
（中村 2017）

　中村氏の言葉にあるように、筆者自身も日々の授業実践のなかで、アクティブ・ラーニングの視点で既に実践を行っている。例えば、本稿の実践でも取

り上げている「シンク・ペア・シェア」は、児童が課題をつかんで思考したり、教材文を読んで自分の考えをもったりするときに、日常的に取り入れている学習活動である。課題をつかんで、まずは1人でじっくり考える。自分なりの思いや考えをもつ。そして2人か3人ぐらいでその考えを伝え合って、考えを広げたり深めたりする。これは相手との対話によって自分の考えを明確にすることが目的である。さらに、対話によって明確になった自分の考えをクラス全体で発表することで、一人一人の考えを全体で共有することになる。「シンク・ペア・シェア」を学習活動に取り入れることによって、教師の一方的な講義や説明にならないだけでなく、発達段階を考えた場合、小学校においては様々な学習活動を組み合せることで、子どもが主体的に学びを深めると筆者は考えるからである。

　相手意識や目的意識を設定した言語活動の充実を考えた場合、アクティブ・ラーニングの視点は効果的な方法であるともいえる。

　筆者は「リフレクション」も学習を振り返るという学習活動として、従来から重視してきた活動である。1時間の授業後、もしくは単元の終わりに子どもが自分自身の学びを振り返る機会をもつことは、次時の授業や次の単元についての課題を子ども自身で見つけたり、見通しをもったりすることにつながる。また、学習の振り返りを取り入れることは、子どもが授業について自己評価することにもなる。

　「シンク・ペア・シェア」「リフレクション」「グループ学習」といった筆者自身が従来、積極的に取り入れてきたことを、改めて意図的・計画的に学習活動に組み込むことがアクティブ・ラーニングの視点を受けた「主体的・対話的で深い学び」の実現につながると考えるのである。

3．ICTと古典学習

　1．の中央教育審議会答申のなかでもICTの効果的な活用は重視されてい

る。アクティブ・ラーニングの視点を受けた「主体的・対話的で深い学び」を具体化するツールとして期待されるところは大きい。筆者は ICT を取り入れた授業実践を積極的に行ってきた。ICT を黒板や掲示物などと併用していくのは、従来の教室よりも学びの空間が立体的になるということを実感してきたからである。教師主導になりがちな教室が、子ども自ら電子黒板や、実物投影機、パソコン、タブレットを利用しながら授業を進めることで、子どもの主体性を生み出す教室に変わっていくことを目の当たりにしてきたからである（小山 2014）。

　教師が継続的かつ計画的に ICT を準備、活用する機会を設定すれば子どもたちが機器の使用には慣れていくのはそれほど時間がかからないと感じている。そのため、教師が 45 分ないし 50 分の授業のなかで、どんな効果を狙って ICT を取り入れるかが重要であると考える。教師が子どもに興味・関心をもたせたり意欲を引き出したりすることや知識や理解を定着させることに ICT は効果が期待できる。また子どもが自分の考えをよりよく視覚化させて発表するときにも、その効果を発揮する。授業をデザインする際の教師の意図が一層大事になってくると考える。

　ICT を古典学習に取り入れることで期待できる効果は、発達段階にあった知識・理解の定着である。特に小学校における古典学習では、デジタル教科書による画像や動画による解説が、子どものイメージをふくらませることにつながる。国語科の学習である以上、教材そのものから受ける印象や言葉から想像する自分の思いや考えをもたせることは前提である。しかしながら、ICT の活用によって、古典特有の難解な言葉や、背景にある歴史についての解説を聞いたり、独特の言い回しをまねながら音読したりすることで、古典と楽しく出合うことにつながると考える。「平家物語」の冒頭をただ音読するのではなく、語りの文学であることを意識させるために実際に琵琶法師の弾き語りを聞かせることで、子どもたちの発想が広がり、古典の世界のイメージも変わることにつながるのである。

　小学校で古典を扱う際に大事なことは中学校、高校、大学で学びを深める

古典とまずは楽しく新鮮な出合いをすることである。そして詳細な読解に偏ることなく、言葉そのもののおもしろさや内容への驚きや不思議さをつかませる学習活動を重視するべきである。そのために、デジタル教科書等による具体的でわかりやすい動画や画像の提示は効果的であり、ICT の活用は古典学習を豊かな学びへと広げることになると考える。子どもたちが発達段階に合った学習活動で古典と出合うことで、中学校へとつながる緩やかな学びが成立し、その学びが高校や大学での専門的な古典学習への発展になるのではないかと筆者は考えるのである。

　ICT の活用は古典学習の難解さを補い、子どもたちの知識・理解の定着に効果を発揮するだけではなく、主体的な学びを促す可能性を生み出す点からもその効果は大きいと考える。

　アクティブ・ラーニングの視点を受けた「主体的・対話的で深い学び」を古典学習でも試みる際、特に「主体的・対話的」な学びの部分で ICT を取り入れた学習を成立させたい。そして古典から想像を広げていく過程のなかで、言葉による見方や考え方が豊かになることが古典学習のなかで「深い学び」を成立させることになるのではないかと考える。

　教材そのものに魅力と力強さがある古典にアクティブ・ラーニングの視点の一つとも言えるICT活用を組み合せることは、「主体的・対話的で深い学び」を創り出す重要な要素になると筆者は期待している。

4.「シンク・ペア・シェア」を意図的に取り入れた小学 1 年「昔話」の授業

①昔話の学習

　今回、「シンク・ペア・シェア」「グループ学習」を意図的に取り入れた小学校 1 年生の昔話を扱う際、昔話「かぐやひめ」を中心に学習を展開した。筆者は低学年の子どもが昔話や民話との魅力ある出合いをすることで、小学校高学年、中学校・高校での古典学習における抵抗が若干少なくなるのでは

ないかと考えた。発達段階をふまえた、「シンク・ペア・シェア」が可能であると考えて実践を試みた。

②教材「かぐやひめ」と絵本

「かぐやひめ」に関する本は現在、たくさんの作家によってたいへん数多く出版されている。低学年の昔話を教材にする場合、絵本が中心となる。例えば、五つの絵本 [注2] を比べてみると、『竹取物語』を底本としたと思われる話がほとんどであったが、『今昔物語』を底本としている本もあったことが興味深かった。基本の筋書きにそれほど変わりはなかったが、5 人の求婚者や帝の場面については扱い方に多少差があった。

③単元「むかしばなしのおもしろさをみつけよう」について

昔話は、「むかしむかし、あるところに」などの言葉で、語り始められている特徴をもつ物語である。時代の変化にともない、子どもが昔話を聞いたり読んだりする機会は少なくなってきている。

光村図書の教科書教材一年下「むかしばなしがいっぱい」は、日本や外国の昔話の絵が挿絵いっぱいに散りばめられている。挿絵をみて、好きな昔話を選んだり、そのおもしろさを見つけたりしながら、日々の読書活動の活性化につなげていくことをねらいとしている。たくさんの昔話と出合い、そのおもしろさに触れることで、伝統的な言語文化に親しむ、古典学習の第一歩として印象的な学習になることを願っている。

昔話のおもしろさを見つけることを目的とすることで、物語のなかで場面を比べたり他の昔話と似ているところを見つけたりしながら、楽しさに気付くことにつながると筆者は考える。また、子どもは昔話特有の話の展開、独特の言い回し、語り口調にも気付き、関心を示すのではないかとも思う。そしてたくさんの昔話のなかから読みたい話を自分で選んで読むことで、主体的に昔話の楽しさや魅力に気付くことにつながるのではないかと考える。

---

(2)　舟崎克彦文・金斗鉉絵　日本名作おはなし絵本『かぐやひめ』（小学館 2009）、千葉幹夫文・織田観潮画　新・講談社の絵本『かぐや姫』（講談社 2001）、谷真介文・赤坂三好絵　にほんのむかしばなし『かぐやひめ』（チャイルド本社 1980）、いもとようこ文絵　日本むかしばなし『かぐやひめ』（金の星社 2008）、与田準一文・朝倉摂絵　絵本むかしばなし傑作選『かぐやひめ』（国土社 1997）

④「シンク・ペア・シェア」について

　挿絵から知っている昔話について、1人で考えたりペアで話したりした後、一番おもしろい昔話について全体で発表させた。

子どもたちが発表した一番おもしろい昔話

・桃太郎　（8名）　　・浦島太郎（4名）　　・かぐやひめ（4名）
・鶴の恩返し（2名）
・さるかに合戦　　　・かさじぞう　　　　・金太郎
・はなさかじいさん　・かちかち山　　　　・ぶんぶく茶釜（各1名）

　子どもたちは自分が知っている昔話についてまずは思い出してみた。次に隣の友達とペアになって、知っている昔話について会話を弾ませていた。対話を取り入れた活動により、自分の考えが広がるだけでなく、全体で発表する際に、自信がもてる子どもたちが増えてきた。また、自分の考えをクラス全体で発表することで、友達と同じことや違うことに共感する様子が見られた。

⑤昔話「かぐやひめ」の学習

昔話のおもしろさに気付かせる
ために、中心の昔話として「かぐ
やひめ」を取り上げた。これは高
学年で『竹取物語』を学ぶ際に、
物語世界を身近に感じてもらうこ
とを意図したためである。選んだ

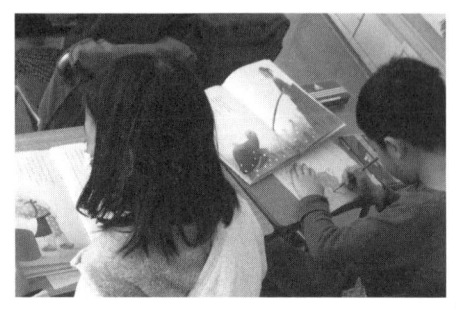

絵本も『竹取物語』の中心となるあらすじを網羅したものであった。子ども
はどこがおもしろいかを見つけながら、じっくりと「かぐやひめ」の読み聞
かせに耳を傾けていた。1年生の子どもにとって関心が高かった場面は冒頭
の「かぐやひめが竹から生まれるところ」と最後の「月に帰るところ」で、
二つの場面に共通している不思議さが印象に残ったようである。

「かぐやひめ」の学習を活かしながら、自分の好きな昔話のおもしろさを
見つけることにその後、活動を広げた。たくさんの昔話のなかから読みたい
話を選んで読むことは、主体的に昔話のおもしろさを見つけることにつな
がっていった。最後に自分が調べた昔話について紹介したり、質問したりし
て、昔話について関心を高めていた。また、友達に紹介された昔話を交換し
ながら、読む活動も行うことで、互いに昔話を選んで読む対話的な学びを生
み出す機会にもなった（小山 2017）。

⑥むかしばなしカードの一部

昔話「かぐやひめ」の感想から　　　　　　昔話「いっすんぼうし」の感想から

⑦子どもたちが選んだ昔ばなしのおもしろさの一部

「いっすんぼうし」
・小さな男の子が（最後に）急に大きくなったところ。小さいけど強い。なんで
　1人でたんけんしたのかな。
・一寸ぼうしが1人で旅に出るところ。おもしろくてたまらない。

「つるのおんがえし」
・主人公がつるのすがたを見てしまうところ。

「うらしまたろう」
・うらしまたろうがこどもたちからかめをたすけるところ。やさしい。

「したきりすずめ」
・おばあさんがすずめのしたをきるところ。おじいさんがすずめにあやまるところ。

「こぶとりじいさん」
・こぶがぬけてびっくりした。となりのじいさんがこぶをもらっておもしろかった。

「かさじぞう」
・おじいさんがうっていたかさをあげたところ。おじいさんのやさしさ。

「かちかちやま」
・とーがらしをぬるところがとてもおもしろい。たぬきがおばあさんをころした
のがびっくりした。

「ももたろう」
・ももから生れるところ。きびだんごがたべてみたい。おにたいじがおもしろい。

「おにはうち　ふくはそと」
・うまもかしてくれてらくだと思った。ぼくは馬がすきでのってみたい。

「ちからたろう」
・わたしが生まれて初めてよんだ本だからです。

5. 「ICT」「グループ学習」「リフレクション」を意図的に取り入れた小学5年「古文」の授業

①親しみやすい古文

　教材は光村図書教科書教材五年「古典の世界（一）」であり、言語活動は音読を中心としたものである。『竹取物語』『平家物語』『徒然草』『おくのほそ道』に『枕草子』を加えた、冒頭部分を中心とした教材である。音読や暗唱を大切にしながらも、その活動だけでは終わらせない教材との出合いを工夫することで、中学校での古典の学びに意欲をもたせ、よりスムーズな学びの継続を図ることを意図している。

②単元「古典を読み、昔の人々の心にふれよう」について

　導入時は「古典とは何か。」という問いから始めた。子どもは「古い書物」や「昔話のもとになっているもの。」と発言していた。また、5年生までに学んできたの古典教材については、「短歌や俳句」「ことわざや故事成語」がある。この単元では次のような見通しで活動に取り組ませた。

　・有名な古典の冒頭を読む。
　・ICTを活用して古典の解説を聞く。
　・心ひかれる作品を選び音読や暗唱をする。
　・自分が心ひかれた作品のよさを発表する。

③冒頭部分を読んで心ひかれた古典作品とその理由

『竹取物語』
・竹取物語のほうがふじのくすりを1番高い山でもやしたことが、富士山の由来になったところがおもしろいと思ったからです。
・この物語は千年も昔なのに読める言葉があるというのがいいなと思ったからです。月に帰るという現実にないこともおもしろかったです。

『平家物語』
・いばっていた平家が壇の浦の戦いで、ほろびた様をえがいた作品だからです。移り変わる時代と、その中で生きる人々のすがたについて昔の人は何を感じたかを考えることができるから。
・冒頭の部分の四字熟語の響きやリズムが気に入った。「たけき者もつひには滅びぬ」という部分や「おごれる人も久からず」という部分は人生の教訓だと思った。

『徒然草』
・他の古典より特別なことは書いてなくても、ありのままの思いを書いているところがおもしろいと思いました。

『枕草子』
・言葉がきれいなので、この作品にしました。清少納言の思いではあるけど、千年以上前の人の春や夏の考え方がおもしろく、現代の人たちとも似ているところがあるのが読んでみて興味をもちました。

『おくのほそ道』
・芭蕉は高れいなのに、150日間もかけて、けわしい道を旅したのがすごいと思いました。芭蕉の旅をしたいという熱意があったから、弟子のそらも一緒に長い旅を続けられたのかと考えました。
・松尾芭蕉がたった5ヶ月で江戸から東北・北陸を経て大垣まで旅したのがすごいと思いました。しかも旅をしながら俳句もつくったこともびっくりしました。竹取・平家・枕・徒然よりもすごく大変なことをやっていると思ったので、この作品にしました。

④ ICT の効果的な活用

　筆者は小学校で古典を扱う際、現代との相違点に目を向ける以上に、共通点が数多くあることに気付かせることを常に大事にしてきた。

　この単元でも千年ぐらい前にできた『竹取物語』や『枕草子』が、現代の言葉でおおよそ読めることに子どもたちは感動を覚えていた。また五つの古典とも音読や暗唱を繰り返すうちに、子どもたちは分からない言葉や内容への理解に興味が向いてきた。そこで、電子黒板とデジタル教科書[注3]を使いながら、本文の提示、作者の紹介、絵や写真、映像を流して作品世界や物語の解説を行った。特に琵琶法師による『平家物語』の語りの様子が伝わる映像や『おくのほそ道』のなかで芭蕉が旅した場所を示した地図を見たことで、力強い『平家物語』の世界観や松尾芭蕉の人生観に共感した感想を多くの子どもたちが書いていた。

　子どもたちは古典作品の歴史的な背景、松尾芭蕉や吉田兼好、清少納言の生き方を知ることで、古典の言葉そのもののおもしろさとともに、新鮮に古典の世界に関心を示し、知的好奇心を高めていた。古典作品や作者についての大まかな背景を知ったうえで、改めて文章に触れると、子どもたちの暗唱

（3）光村図書デジタル教科書シリーズ「わくわく古典教室」

は、教材文の言葉だけ知った音読や暗唱よりもイメージが増し、生き生きとした活動に変わったと筆者は実感した。

⑤音読を工夫するためのグループ学習

自分で選んだ読みやICTでの解説をもとにして、子どもたちは自分が最も心ひかれる古典作品を選んだ。そして選んだ古典作品ごとに友達とその良さを話し合って、意見を出し合いながら、繰り返し音読に取り組んだ。ここでのグループ学習の良さは、自分の思いを大切にしながら、相手の思いも取り入れて建設的に話し合い、グループ音読に取り組むことである。古典学習を音読する際のグループ学習は作品に共感した友達同士が、その良さを深めて広げていくのに効果的であると考える。

⑥次時の活動や単元につなげるリフレクション

学習の最後に子どもたちは古典を学んでの感想をまとめた。

・昔の言葉は難しいけど、意味は今と一緒だからいい勉強になった。中学でまた出合う古典は、今回は少し難しいと思っても、今から学んでおくと中学校では少し慣れていくのではないかと思いました。

・古典を読んだり聞いたりして、昔の言葉でも、かなり読めることができるのがすごいと思いました。竹取物語を音読してみたら、意味もなんとなく覚えることができたので、いいなと思いました。また、徒然草を読んだら、会話のようなお話でおもしろいなと思いました。枕草子の「春はあけぼの」は、短いけれど意味がむずかしく、でもそこがおもしろいと思いました。

・古典を読んでむずかしい言葉はあったけれど、辞典などで調べて意味が分かったのでいいなと思いました。自分が選んだ古典作品を読んでいた時、覚えるのはたいへんだったけれど、古典のすごさやおもしろさが分かったのでよかったです。デジタル教科書でも古典の話が分かりやすく勉強できました。映像を見て、最初に古典を読んだ時よりも興味をもつことができてよかったです。

　学習感想を毎時間ごとにまとめるとそこには子どもの学習への興味・関心や学びへの課題が見えてくる。今回のように単元のまとめの感想を書かせることで、古典について学んだことへの子どもの自己評価を見ることもできる。また次時以降、古典学習を授業デザインする際に、教師が子どもの課題を把握しながら、学習活動を創ることにもいかすことができると考える。古典は難しいという印象を最初にもっていた子どもたちが、学習活動を通して理解を深め、学習の最後には課題を解決した様子や意欲の広がりを見せることがリフレクションを通して感じることができるのである。

6．おわりに

　1年と5年との実践を通して筆者が考える、古典学習における「主体的・対話的で深い学び」を成立させるために大事にすることをまとめる。
　まずは、古典教材そのものを大事に扱い、発達段階に合った形で出合わせることである。昔話の学習から思うのは、低学年の時期により多くの昔話に触れたり、展開や結末が違う昔話を読み比べたりすることで、子どもたちの記憶に内容的なおもしろさが印象深く残るのでないかということである。その学習の先には、小学校高学年での親しみやすい古文との出合いや中学校や高校での古典作品の魅力の再発見があると考えるのである。また、親しみやすい古文の学習から思うのは、言葉は難しくても、まずは内容のおもしろさに目を向けさせることが重要である。昔話や古文の背景にある教訓は、現代を生きる子どもにも魅力的なものである。また、古典の言葉には現代との共通点が多くあることにも気付かせたいところである。子どもたちが作品の内容や言葉に深く共感することで、中学校の古典の学びがより豊かなものになると筆者は考える。そしてそのことにより、子ども自らが学びたいという、主体的な学びが成立することにつながるのではないかと考えるのである。
　ICTを効果的に活用することも主体的な学びを生み出すきっかけになると

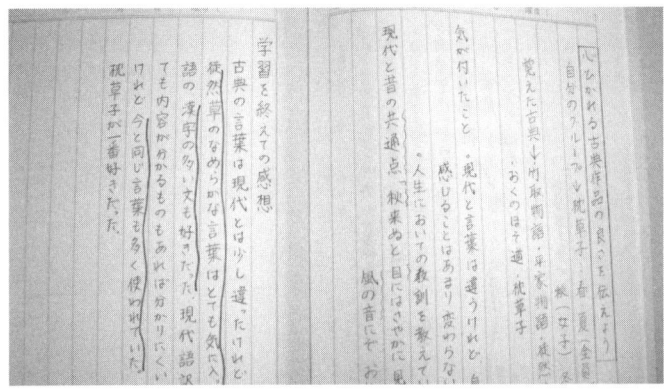

　考える。また、感想交流を含めた友達との関わりにより、対話的な学びが広がりを見せることにもつながる。特に古典の場合、教材そのものの特性から、作品世界との出合いを通して先人の考えと対話することができ、自分の考えを広げることが可能となる。その結果、語彙に対する感覚が磨かれて、言葉による見方や考え方が豊かになれば、「深い学び」を生み出す学習を成立させることも期待できるのではないかとも感じる。

　アクティブ・ラーニングの技法でもある「シンク・ペア・シェア」や「グループ学習」、「リフレクション」の効果的に学習活動に取り入れると「主体的・対話的で深い学び」も豊かなものになることが期待できる。従来から小学校の授業で取り入れてきたこれらの学習活動をさらに意図的・計画的に取り入れることが今後は重要となってくる。

　小学校での古典学習を「主体的・対話的で深い学び」として成立させていくためには、発達段階に合った出合わせ方を考えながら、アクティブ・ラーニングの視点を捉えた学習活動と組み合せたり、ICT を効果的に取り入れたりして授業を創ることが必要である。何よりも古典と出合った子どもの思いを大切にしながら、授業を見直すことを今後も心がけていきたい。

【参考文献】
　小山 2014　小山進治「小学校古典学習の充実——ICT を活用した伝統的な言語
　　　　文化の授業デザイン——」(『学習情報研究』239　2014.7)
　中村 2017　中村和弘 編著『アクティブ・ラーニングを位置づけた小学校国語科
　　　　の授業プラン』(明治図書　2017)
　小山 2017　小山進治「小中一貫を見据えた伝統的な言語文化の授業 —— 中学
　　　　校で再び扱う教材の小学校での授業実践 ——」(『月刊国語教育研究』544
　　　　2017.8)

古典文法の〈アクティブ・ラーニング〉型授業

麻生　裕貴

中学 2・3 年　古典文法
AL 技法：自由に立ち歩いてしゃべる　ペアワーク　KP 法
ICT 活用：電子黒板　パワーポイント　Google フォーム

【要旨】
〈アクティブ・ラーニング〉の導入段階では、生徒にとっても教員にとっても答えが明確に決まっている問題を扱った方が取り組みやすく、**古典文法は**これに適した教材だといえる。古典文法に関する**知識の定着・理解の深化**を目指して**生徒の協働**を取り入れるとともに、学ぶ方法を生徒が**主体的に選択**できる授業について提起する。

1．はじめに

〈アクティブ・ラーニング〉というと、答えのない問い、人それぞれに答えが変わる問いを考えるものというイメージを持たれることもしばしばある。しかし、急に答えのない問いに取り組むのは、生徒にとっても教員にとってもハードルが高い。答えのない問いについてグループで議論するように求められても、あるいは「あなたの意見は？」と聞かれても、黙り込んでしまう生徒も少なくはないだろう。また教員にとっても、どんな意見が飛び出す

か分からないなかで生徒の思考を深めたり話し合いを活性化させたりする言葉をかけるには、相応の知識や技量が必要となる。

　そう考えたときに、「〈アクティブ・ラーニング〉型授業の導入段階では、答えが明確に決まった問題から始める」というのが、一つの有効な方法として考えられる。扱う問題は取り組みやすいものにし、まずは〈アクティブ・ラーニング〉型授業の形式に慣れることを目指すということだ。そして、答えが明確に決まった問題として、古典では古典文法が挙げられる[注1]。

　こういった観点から、本稿では、筆者が〈アクティブ・ラーニング〉型授業の導入段階から行っている「古典文法の〈アクティブ・ラーニング〉型授業」の実践について述べる。

2．授業の基本情報

　対象の生徒は、2015年度の中学2年生と2016年度の中学3年生全6クラスだ。筆者の勤務校は中高一貫校であり、中学2年生から古典文法の学習を始める。中学3年生では文章を読むことがメインになってくるが、当実践では中学3年生でも古典文法のみを扱う授業も行っていた。〈アクティブ・ラーニング〉型授業は2年生の2学期から始め、少しずつ改善を図っていった。

　授業の目標として重視していたのは、あくまで「古典文法に関する知識の定着と理解の深化」である。もちろん他者と協働する力の育成も念頭に置いてはいたが、それは最優先課題ではない。また、実践を続けるなかで次第に意識化されていったのが、生徒それぞれにそのときの自分に合った学習法を探求してほしいという思いだ。その意味で、生徒の学習方法の選択肢を増やしていくことを目指した。多くの選択肢のなかから生徒が自ら学習方法を選べることは、生徒が主体的に学習に取り組むことにも繋がる。

　以下では、大きく三つのパターンの授業について述べていく。

---

　(1)　言うまでもなく、これは研究レベルの古典文法の話ではなく、高校生向けの問題集に見られるレベルでの話である。

3. パターン1 (1)　立ち歩いてしゃべる授業

　まず始めた授業の形式は、小林 2015、小林 2017 などで解説されている小林昭文氏の実践をベースとし、そこにアレンジを加えたものである。基本的な授業の流れは、「教師による新出事項の解説」→「問題演習」→「確認テスト」→「振り返りシート（リフレクションシート）記入」というものだ。

ここでポイントとなるのが、問題演習では自由に立ち歩いてしゃべってもよいということである。この問題演習が、生徒間での協働の活動となる。1 コマ 50 分の授業は、右記のようなタイムテーブルで進める。

0 分	授業開始・教師による解説
10 〜 15 分	問題演習開始
39 分	確認テスト配布
40 分	確認テスト開始
43 分	確認テスト終了・採点
45 分	振り返りシート記入
50 分	授業終了

　以下、各要素について解説を加える。

　まず教師による解説についてである。これについては、できるだけ短時間で、シンプルにということを意識した。問題演習＝生徒の協働の時間を十分に確保するためである。そのために、解説のプリントを自作し、教師の解説を聞かなくてもプリントさえ見れば基本的には全てのことが分かるようにしておいた。それでもプリントだけでは伝わりづらいことや注意点、特に重要なことのみを教師が解説する。重要事項や注意点であっても、プリントを見れば分かる場合には解説しないこともある。また、解説をスピーディーに進めるに当たっては、パワーポイントが非常に大きな効果を発揮した。なお、必要な情報を（ほぼ）全てプリントに載せておくのは、生徒が黒板やパワーポイントを写す時間をなくす、あるいは短縮することで、協働の時間を確保することにも繋がる。

　次に、問題演習についてである。前述のように、生徒は立ち歩いたりしゃべったりして協力しながら取り組んでもよいが、1人で取り組んでもよい。協力しながら解くか、1人で解くか、そのいずれかを問題演習の時間を通して続けるのか、途中で切り替えるのか、そういったことはそれぞれの生徒が自由に選択してよいという状態である。また、解答は教卓の上に置いておき、生徒が各自のタイミングで取りに行けるようにしておいた。この間教師は、教室の中を回りながら適宜声かけを行う。声かけの内容は、進捗状況を聞いたり、立ち歩く・しゃべるを促したりするものが基本だ。たとえば、同じ問題で長時間止まっている生徒には、向こうの集まりではこの問題が解けているようだと声をかけたり、逆に進んでいる生徒に向こうの生徒は解けていないようだと声をかけたりといった具合である。ただし、立ち歩いたりしゃべったりを強制はしないように留意した。なお、課題の内容に関する質問には基本的には答えない。そうすることで、分からないことは教師ではなく他の生徒に聞くようになり、生徒同士の対話が活性化する。こういった声かけの他に、生徒がどこで間違えているのか、悩んでいるのかなどの確認をし、以降の授業に生かすようする。

　次に、確認テストについてである。確認テストでは、問題演習と全く同じ問題を数題出題する。また、確認テストは成績には入れないことをあらかじめ周知し、自分だけの成績を上げようとして協働をしなくなることの防止を意図した。そして、解説のプリントや辞書などを見ながら解いてもよいこととした。これは、演習の時間を知識事項を覚えるのに使うことを防ぐためである。知識事項を覚えることに時間を使ってしまうと、なかなか協働は生まれない。なお、採点は近くの生徒と答案を交換しての相互採点とする。教員の仕事を減らす意図もあるが、生徒の理解度・定着度向上のためでもある。人の答えを見ることで気づくこともあるし、自分の答えを振り返ることにも繋がるからだ。

　次に、振り返りシートについてである（後掲資料1）。内容は、①理解度、②取り組み方、③意見・要望・質問、④フリースペースであり、①と②を必

須解答とした。また、裏面には理解度・取り組み方に関するチェック項目を設け、振り返りのヒントにできるようにした。①②は、生徒自身が今の自分の状態を見定めて次の学習にいかすための項目である。③は授業改善に役立てるためのものだ。③の項目を設けたことで、日ごろから生徒から改善案が寄せられるようになり、日に日に授業を改善していくことができるようになった。また①も、以降の授業内容を考えるうえで役立つ情報である。そして、予想以上に意味があったのが④のフリースペースである。この部分では次第に、趣味を開示する、日々のあれこれを書く、イラストを描くなどが見られるようになり、そこにコメントやイラストをつけて返すことで、生徒との関係性を作る重要な場となった。

　なお、このパターン１の授業では、問題演習の問題の難易度・量が授業の善し悪しを大きく左右する。授業を繰り返すことで、どのような難易度・量が適しているのか、常に探求していく必要がある。

4. パターン１(2)　問題の解説の授業

　問題演習を行った次の時間には、パワーポイントを使って問題の解説を行っていた。解説をする問題は、振り返りシートの回答を見ながら決定する。そして、一部の問題については生徒自身が他の生徒に解き方を説明する場を設ける。具体的には、①「教師による説明」→②「生徒個人で頭の中を整理、説明のイメージトレーニング」→③「生徒がペアになって交互に説明」→④「代表生徒が前に出てクラス全体に説明」という流れである[注2]。

　②～④のそれぞれについて説明を加えていこう。②は、スクリーンに映した問題とその解き方のポイントを見ながら30秒程度で行う（後掲資料２）。問題・解き方のポイントは③④のときにも残しておき、それを見ながら説明をしてもよい。ただし、できればポイントを見ずに説明できるようになることを求める。なお、解き方のポイントを消して問題だけを載せたスライドも

---

(2)　「ペアワークで説明」→「代表者が前に出て説明」という流れは、2015年の桐蔭学園アクティブラーニング公開研究会における関谷吉史教諭の研究授業に学んでいる。なおこの研究授業とは別であるが、「ペアワーク」も取り入れた関谷教諭の実践については関谷2016に詳しい。

用意し、④の段階では説明する生徒がポイントを映しておくか否かを選べる
ようにする。

　ペアワークをするに当たっては、話しやすい、聞きやすい場作りのために、
毎回次の事項を奨励していた。すなわち、「相手の方を向く」、「にこやかに」「聴
くときは相づちを打つ」の三つである。また、代表生徒が前に出て説明をす
る際には、スピーチやプレゼンテーションにおいては聴く側が大切であるこ
とを強調するようにしていた。

　ペアの組み合わせは、時間短縮のために教師が指定した。1人1回ずつ説
明をするのが基本だが、ペアのどちらが先に説明するかは、教師が指定する
ことも生徒に任せることもある。生徒の人数が奇数の場合は3人のグルー
プを一つ作る。全員が説明をするためには、2人のペアだけであれば2回説
明の時間を設ければ良いが、3人のグループがあると3回の説明の時間が必
要になる。この3回目の説明の時間には、2人のペアはどちらか1人がもう
一度説明するようにしていた。どちらが説明するかは、教師が指定すること
も生徒に任せることもあった。

　前に出ての説明は、立候補者がいればその生徒を指名し、いなければ出席
番号からランダムで生徒を指名する。2〜3人の生徒に前に出ての説明をさ
せ、時間があれば、説明した生徒の良かった点を他の生徒が指摘する時間も
設ける。前に出ての説明には、回を追うごとに上達や工夫が見られるように
なった。たとえば、パワーポイントの映写には電子黒板を使っており、スク
リーンに電子ペンで書き込みができるのだが、あるとき、生徒から電子ペン
を使って説明をしたいとう声が上がった。それ以降、必要に応じて電子ペン
で問題に書き込みをしながら説明をする生徒もいた。

　これらの活動のねらいは二つある。人に説明できるレベルまで理解度を上
げることと、解き方の定着度を上げることだ。解き方の定着については、人
に説明するという形でアウトプットすること自体が効果的である。また、ペ
アワークや前に出ての生徒の説明を通して問題の解き方を繰り返し復習する
ことにもなり、この点も、解き方の定着に寄与する。

5.〈アクティブ・ラーニング〉型の導入時からの変更点

　前節まで説明してきた授業の進め方は、〈アクティブ・ラーニング〉型授業を始めてから改善を重ねた結果のものである。その改善点は多岐に及ぶが、ここでは主立った4点について述べる。

　最も重要な点は、立ち歩いてしゃべることをどれくらい強く求めるかだ。もともとは、「しゃべる」「立ち歩く」（質問する、説明する、チームで協力する、チームに貢献する）という目標を毎回の授業で提示し、これを強く推奨していた。しかしそれをやめ、1人で問題に取り組んでも良いことを明示するようになったのである。これは、生徒それぞれにそのときの自分にあった学習方法を探求してほしいという思いからだ。学習の方法の多様性を確保するための変更である。これによって、個人・協働それぞれの取り組み方をどのタイミングでどれくらいの時間行うのか、意識的に工夫する生徒も見られるようになった。

　二つ目は、もともとは確認テストを行った次の授業で各クラスの平均点を発表していたのをやめたことが挙げられる。平均点を発表していたのは、クラス対抗という形を作ることで競争心をあおり、生徒達の「クラス全員が問題を解けるようにしよう」というモチベーションを上げるねらいからである。クラス全員が問題を解けるようになることを目指せば、自分さえ分かればよいという考えが弱くなり、生徒同士の対話が促進される。しかし、他のクラスに勝とうというモチベーションは、きっかけとしては良いかも知れないが、それがなくては対話をしないというのでは問題がある。そう考えるようになり、特に告知することもなく、クラスの平均点の発表をせずに授業を進めてみた。平均点を教えてほしいという声が上がるかも知れないと考えていたが、そのような声は全く上がらず、それどころか平均点を発表しなくなったことに気づかない生徒も多くいるようであった。また、これによって問題演習で

の生徒の対話が減ったわけでもない。対話することの意味を生徒達自身が理解し、他クラスに勝つことの価値が下がっていたためであろう。

　三つ目は、問題の解答についてである。導入時は、問題演習開始後15分ほどは解答を配らず、全ての生徒が答えを確認できない状態で問題を解くようにしていた。しかし、解答は教卓の上に置いておき、自分のタイミングで答えを確認できるように変更した。これも、1点目の変更同様、学習方法の多様性を確保するためである。なお、それならば問題と一緒に解答を配ってしまっても良いのではないかとも考えらえられる。はじめから生徒の手元に解答がある状態にしていても、生徒は自分が決めたタイミングまで解答を見ないでいることができるからだ。しかし、問題と一緒に配るのではなく教卓に置いておいてほしいという意見が生徒から出たために、この方法を取ることにした。解答が教卓にあることで、どの生徒がどのタイミングで解答を確認するか、他の生徒や教員からも分かるようになる。この点が、解答は教卓に置いておいてほしいという声が上がった理由であろう。なお、解答にはもともと問題文の現代語訳や出典は載せていなかったが、振り返りシートでの生徒の要望から載せるようになった。

　四つ目の変更点は、「パターン1（2）問題の解説の授業」をだんだん行わなくなっていったということである。つまり、教師による解説は問題演習の前の新出事項の解説のみになっていったということだ。これは、「パターン1（1）立ち歩いてしゃべる授業」のみでも十分な生徒の理解度を感じられるようになっていったことによる。ただし、振り返りシートを見てクラス全体の理解度が低そうであると判断したときには、「パターン1（2）問題の解説の授業」を行った。

6．KP法

　二つ目のパターンとして、KP法（紙芝居プレゼンテーション法）を用い

た授業について述べる。その具体的な内容に入る前に、KP 法とは何か、簡単に解説しておこう^(注3)。

　KP 法とは、文字や絵・図を書いた主に A4 や B4 の紙（KP シート）を見せながら行うプレゼンテーション法である。パワーポイントのスライドが紙に置き換わったプレゼンテーション法だというとイメージしやすいだろう。パワーポイントではスライドをスクリーンなどに映写しながら説明するのに対し、KP 法では KP シートを黒板やホワイトボードなどに掲示しながら説明する。なお、KP 法は「分かりやすく伝える」ためのプレゼンテーション法であると同時に、KP シート作成の段階では「思考整理法」としても機能する。

　KP 法はしばしばパワーポイントと比較される。両者の違いとして特に重要であると思われる点について述べておこう。まず、KP 法には手軽さというメリットがある。特別な設備が必要ないため、プロジェクターなどがない教室でも行えるし、生徒全員に取り組ませる場合にもパワーポイントよりもはるかに取り入れやすい。また、パワーポイントはスライドを進めると以前の情報がどんどん消えていくのに対し、KP 法は以前の KP シートを掲示したまま次の KP シートに進むことができる。これらは KP 法のメリットとして捉えられるが、編集のしやすさ、保存のしやすさではパワーポイントに軍配が上がる。また、写真や精密な図を提示するときにはパワーポイントの方が適しているし、紙の大きさに制限のある KP 法は、大教室でのプレゼンテーションには不向きである。

　これらの違いから、筆者が授業で説明をする際にはパワーポイントと KP 法を使い分けている。基本的にはパワーポイントを使用しているが、ある情報を長時間生徒の目に触れる形で残しておきたい場合、パワーポイントの 1 枚のスライドには入りきらない情報を提示したい場合は KP 法を用いている。また、内容的に関連する KP シートとパワーポイントを一度に提示しながら説明をすることもある。

---

　(3)　KP 法について、詳細は川嶋 2013、川嶋・皆川 2016 を参照。

7. パターン 2　KP 法の授業

　では、KP 法を用いた授業について述べていこう。これは、生徒が他の生徒に学習内容を解説するという実践であり、解説の際、B4 用紙を 16 等分したミニ KP シートを用いる。生徒がミニ KP シートを作成するにあたって、川嶋・皆川 2016 に掲載されている実践では、B4 用紙を小さく切り分けているものが多い。一方筆者の実践では、B4 用紙に線を引いて 16 マスを作るだけで、小さく切り分けることはしなかった。このミニ KP シートの 1 マスがパワーポイントのスライド 1 枚に当たる（後掲資料 3）[注4]。紙を切り分けた場合には、ミニ KP シートの配置を工夫しながら説明できるというメリットがある。一方で、保存しておくことを考えると切り分けないでおいた方が扱いやすい。この保存のしやすさを重視して、筆者は小さく切り分けないままのミニ KP シートを採用した。

　この授業を始めるにあたっては、事前に KP 法の解説と練習のための授業を 1 コマ行った。その授業では、教師が KP 法についての解説を KP 法で行い、「好きなもの・こと」をテーマにして生徒がミニ KP シートの作成とペアワークでのプレゼンテーションの練習をする時間を取った。

　パターン 2 の授業のタイムテーブルは以下の通りである。

0 分	授業開始・教員による解説
5 ～ 10 分	問題演習開始・各自のタイミングで KP シート作成開始
20 分	KP シート作成に入っていなければ始めるように指示
38 分	ペアワークでプレゼンテーション
45 分	振り返りシート記入
50 分	授業終了

（4）　同様のミニ KP シートを用い、学習した内容についてプレゼンテーションをする英語の授業実践が、米元 2016 に紹介されている。筆者の実践はこれを参考にしている。

　教員による解説をできるだけ短くシンプルにすることは、パターン1の授業と同様である。むしろ、ミニKPシート作成の時間をできるだけ確保するため、パターン1以上に解説を短く収めることが求められる。それもあって、このパターンの授業は副助詞や係助詞といった比較的簡単な題材を扱うときに実施した。なお、問題演習の際に立ち歩いたりしゃべったりしてもいいこともパターン1の授業と同様である。

　生徒がKP法で解説するのは、前述の通りその授業で学習した内容についてだ。具体的な事項として、「ポイントだと思うこと」「間違えやすそうなこと」「注意すべきこと」「問題演習で間違えた問題」という4項目を例示した。また、復習用に自分にとって最適の参考書を作るイメージで取り組んでほしいことを伝えていた。これが、保存を重視してミニKPシートを切り分けることをしなかったことに繋がっている。

　ミニKPシート作成に当たっては様々なポイントがある。しかし教師から生徒に提示するのは、「言葉を選ぶ」「情報を絞る（捨てる）」「構成を工夫する（何を？　どんな順番で？）」「いきなり書き始めない→まずは構成を練る」のみにとどめた。それは、KPを実践したり人のKPを見たりすることを繰り返すことで、生徒自身によってポイントを見つけていってほしいと考えたからだ。なお、1マスに書く最大字数、色やイラストの有無などは指定せず、生徒が試行錯誤しながら分かりやすいKPシートの書き方を身につけていくことを目指した。

　プレゼンテーションは、パターン1のペアワークの要領で行う。生徒の人数が奇数の場合には、1人の生徒は教員にプレゼンテーションをし、他のペアのプレゼンテーションを見ることにした。時間は2〜3分であり、ミニKPシートもこの時間を意識して作成する。そう考えたときに、16マスというのは最大のマスの数だといえるだろう。逆に、内容が分かりやすく、制限時間に収まるのであれば、使用するマスはもっと少なくても良い。プレゼンテーションが速く終わってしまったペアは、余った時間で互いの良かった点、改善点、感想などを言い合って振り返りをする。

　なお、より良いミニ KP シートの書き方を学んでいくためには、多くの人の作成したミニ KP シートを見てみることが必要である。そのような場として、次のようなものを設けた。筆者の勤務校には「生徒 Web」というサイトがあり、教師がアップロードしたデータや URL を、生徒が自由に見たりダウンロードしたりできるようになっている。作成者から許可を得られたミニ KP シートについては PDF 化して生徒 Web にアップロードし、興味のある生徒は自由に見られるようにしておいた。

　最後に振り返りシートについてだが、基本的にはパターン 1 の振り返りシートと同じであるものの、取り組み方の項目の代わりにプレゼンテーションを自己評価する項目を設けた（後掲資料 4）。

8. パターン 3　混合型の授業

　これら二つのパターンの授業を行ったうえでの生徒の反応を見ると、パターン 1 の方が良いという生徒、パターン 2 の方が良いという生徒の両方がいることが分かった。こういった生徒の反応を踏まえて考えたのが、パターン 1 の進め方（「じっくり演習コース」とする）とパターン 2 の進め方（「KP コース」とする）のどちらで学習するかを、授業ごとに生徒が選択するという実践である。学習方法の選択肢を与えることで、生徒が主体的に学習に取り組むこと、そのときどきの自分に合った学習方法を探求することをねらった。

　「じっくり演習コース」のタイムテーブルは以下の通りである。

0 分	授業開始・教師による解説
10 〜 15 分	問題演習開始
45 分	振り返りシート記入
50 分	授業終了

　なお、30 ～ 35 分の時点で「じっくり演習コース」の生徒を集め、疑問
点の共有と協働による解決を図ることもある。
　「KP コース」のタイムテーブルは以下の通りである。

0 分	授業開始・教師による解説
10 ～ 15 分	問題演習開始・各自のタイミングで KP シート作成開始
45 分	振り返りシート記入
50 分	授業終了

　なお、KP シート作成後に時間があれば、生徒は自分でペアを見つけてプ
レゼンテーションをする。
　パターン 3 の授業では、コースによって必要なプリントに違いがある。
両コースに共通するのは、解説のプリント、問題のプリント、解答のプリン
トの 3 種類だ。この他に、「KP コース」ではミニ KP シートの用紙が必要と
なる。また振り返りシートは、「じっくり演習コース」はパターン 1 の、「KP
コース」はパターン 2 のものを使う。両コースに共通するプリントは授業
の始めに一斉に配布するが、ミニ KP シートと振り返りシートは教卓の上に
置いておき、どちらのコースを選択するか決めた生徒から取りに行くことに
なる。生徒の様子を見ていると、始めからコースを決めている生徒、しばら
く問題を解いてから決める生徒、途中でコースを変える生徒と、コースを決
めるタイミングも様々であった。
　「じっくり演習コース」と「KP コース」では、前者の方が問題を解く時
間が長くなる。そのため、問題のプリントには「KP コース」は解かなくて
もよいチャレンジ問題も設けることにした。

9．効果

　〈アクティブ・ラーニング〉型授業を実践してみた効果について、三つの点から述べる。

　まず、生徒の成績についてである。〈アクティブ・ラーニング〉型授業の導入以前と以後で単純に比較できる材料はないのだが、参考として、中学2年の定期考査での得点率の推移を紹介する。取り上げるのは、各考査間で比較的共通性のある、助動詞の基本形・文法的意味・活用形を答える問題だ。得点率の平均は以下のように推移した。1学期期末が〈アクティブ・ラーニング〉型授業導入前、2学期中間以降が導入後だ。

1学期期末	2学期中間	2学期期末	3学期中間	3学期期末
85.0%	88.8%	85.1%	84.2%	83.1%

【範囲】
・1学期期末：ず、き、けり、つ、ぬ、たり（完了・存続）、り
・2学期中間：む、むず、じ、けむ、らむ
・2学期期末：べし、まじ、なり（伝聞・推定）、めり、らし、なり（断定）、たり（断定）
・3学期中間：る、らる、す、さす、しむ
・3学期期末：まし、まほし

　これを見ると、〈アクティブ・ラーニング〉型授業の導入によって成績が上がったとまでは言えそうもない。しかし、教師による解説をできるだけ削ったとしても、少なくともそれ以前と同等の成績は出たことは指摘できる。また、比較的文法的意味の少ない助動詞を出題した1学期期末考査より、文法的意味の多い助動詞を出題した2学期中間考査の方がわずかながら得点

率が上がっているのは、〈アクティブ・ラーニング〉型授業による効果の可能性もあるだろう。

　次に、生徒へのアンケートについてである。中学2年の3学期より、学期末にはGoogleフォームを使って授業評価アンケートを実施した。Googleフォームとは、インターネット上でアンケートを実施することができ、その集計を自動的に行ってくれるツールである。使い方によっては、課題の提出などにも利用できる。このGoogleフォームでの授業評価アンケートのなかで、「アクティブラーニングを取り入れていること」を「あし」「わろし」「なのめなり」「よろし」「よし」の5段階で評価する質問を毎回設けた。その結果が以下の表である。なお、アンケートへの回答は強制ではないため、実施した回によって回答人数に大きな開きがある。学年全体の人数は275人である。

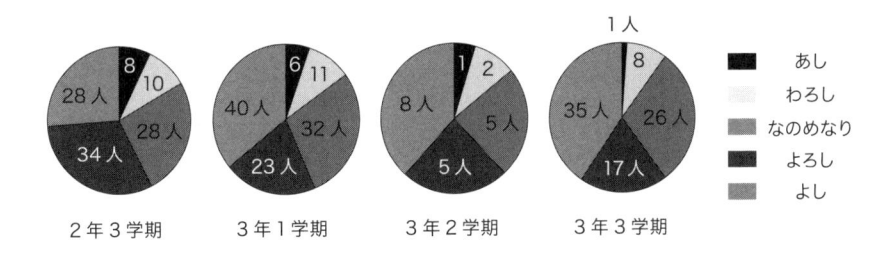

| あし | わろし | なのめなり | よろし | よし |

　この結果から、半数以上の生徒は〈アクティブ・ラーニング〉型授業を肯定的に捉えており、また肯定的に捉える生徒は少しずつ増えていっていたことが予想される。ただし、最後まで否定的に捉えている生徒がいたことも見逃してはならない。

　最後に、生徒の学習への取り組み方についてである。中学3年でのあるクラスでは、勉強で分からないことがあるとクラスのLINEグループに質問を投稿し、それにクラスメイトが答えるということが日常的に行われていたらしい。これについては、筆者が何かアドバイスしたわけではない。むしろ、

筆者は思いつきもしなかったことであった。ネガティブに捉えられがちな生徒のLINE利用がこのように有効に働いたのも、一つには〈アクティブ・ラーニング〉型授業によって主体的に協働する習慣が身についたからかではないか。他にも、定期考査前など、教室に残っている生徒が互いに教え合っている光景もしばしば見られるようになった。

10．課題と展望

　ここでは、パターン１～３の実践の課題と展望について述べる。

　まずパターン１～３全てに当てはまる課題として、話すメンバーが固定化している生徒がいたこと、ごく少数ながら毎回常に１人で問題を解いている生徒がいたことが挙げられる。この実践の主たる目標が古典文法の知識の定着・理解の深化であるとはいえ、多様な人と協働する力をつけてほしいというねらいもなかったわけではない。また、これもごく少数ながら、授業とは関わらない話ばかりをしている生徒もいた。こういった生徒達の学習へのモチベーションを高め、協働の幅を広げるための方法を今後も探求していきたい。

　もう一つ全てのパターンの実践に共通するのが、振り返りシートのチェックの負担である。この実践では、全ての振り返りシートに対してコメントを書くか、最低でも生徒のコメントのどこかに線を引くことをしていた。しかし、これにはかなりの時間を要する。そこで2017年度現在担当している授業では、基本的にコメントをつけるのは意見・要望・質問とフリースペースのみに変更した。しかし、それによって振り返りシートへの書き込みがおろそかになるということは起きていない。これについては、振り返りシートに書かれていたことを引き合いに出しながら授業を展開することもあるので、読んではもらえているという意識が生徒達のなかにあるからというのもあるかも知れない。

　次に、KP 法に関わる実践における課題である。それは、ミニ KP シートの作成時間がどうしても短くなってしまうことだ。2 コマセットで授業をするなど、授業デザインの根本的な改変も含めて検討していきたい。また、パターン 3 の課題として、チャレンジ問題の作成など、問題作りがより難しくなるという点が挙げられる。このままでは毎回の授業で行うにはハードルが高い。日常的な授業で行うための練習問題のあり方についても検討していきたい。

　最後に、生徒がより良い KP シートを作成できるようになるための授業について述べる。本実践では KP 法の上達を重視はしていなかったが、こちらに目標の重きを置く授業ももちろん考えられる。例えば、生徒が作ったミニ KP シートのなかから、優れたものを生徒自身が選ぶ授業が考えられる。具体的な方法は様々に考えられるが、多くの人の作品を見てどれがどのような点で優れているのか評価すること、最終的に選ばれたものを見ることによって、どのように作るのが良いかという基準を生徒のなかに増やしていくことができるだろう。

11．おわりに

　本稿では、〈アクティブ・ラーニング〉型授業の導入段階も意識しつつ、古典文法の授業実践について述べてきた。しかしながら、これまで紹介してきた「自由に立ち歩いてしゃべる」「ペアワーク」「KP 法」といった手法は、読解問題や答えのない問いも含めた、他の課題に対しても用いることができる。たとえば筆者は、「漁父の辞」（『楚辞』）を読んで屈原と漁父のどちらの考えに賛同するか、または折衷案をよしとするかという生徒によって答えの変わる問いについて、ペアになって KP 法でプレゼンテーションする実践も行っている。古典文法の授業を通して生徒・教師が手法に慣れてしまえば、その手法をそのまま他の学習に援用することもできるのだ。

120

最後に、〈アクティブ・ラーニング〉型授業を導入する際にポイントとなると思われる２点について述べておこう。一つは、ハードルを下げた形で始めてもよいということである。本稿ではその一つの方法として、答えが明確に決まった古典文法の授業から始めることを提案した。そしてもう一つ、新しいことに取り組むのだから、始めからそれほどうまくいくはずはないという気持ちも必要ではないか。もちろん適当にこなしてもよいと言いたいわけではない。たとえ全力で準備をしても、始めからうまくはいかないものだという意識を持つ必要性をいっているのである。筆者自身、失敗を繰り返し、幾度となく生徒から改善案をもらいながら、試行錯誤のうえに少しずつ授業を改善してきている。そのようにしてしか、良い〈アクティブ・ラーニング〉型授業はなし得ないだろう。そしてそれは、非〈アクティブ・ラーニング〉型授業についてもいえることだ。

なお、〈アクティブ・ラーニング〉を活性化させるためにはどんどん失敗を繰り返すことが重要であるとしばしば指摘される。生徒にそのような態度を求めるのであれば、教師自身が失敗を繰り返しながら成長する姿を生徒に見せることも必要ではないか。その意味で、より良い授業を目指し、新たなことに挑戦して失敗をしてしまうことは、むしろ生徒のために必要なこととさえいえるのかも知れない。生徒だけでなく教師にとってみても重要なこと。それは初めからの完璧さよりも、挑戦と成長であろう。

【参考文献】

川嶋2013　川嶋直『KP法——シンプルに伝える紙芝居プレゼンテーション——』（みくに出版　2013）

小林2015　小林昭文『アクティブラーニング入門』（産業能率大学出版部　2015）

関谷2016　関谷吉史「国語におけるアクティブラーニング」（溝上慎一監修・編『Active Learning5　高等学校におけるアクティブラーニング事例編』

2016)

川嶋・皆川 2016 川嶋直・皆川雅樹『アクティブラーニングに導く KP 法実践——教室で活用できる紙芝居プレゼンテーション法——』(みくに出版 2016)

米元 2016 米元洋次「自立した学習者が育つ授業のための KP 法の活用場面」(川嶋直・皆川雅樹『アクティブラーニングに導く KP 法実践——教室で活用できる紙芝居プレゼンテーション法——』みくに出版 2016)

小林 2017 小林昭文『アクティブラーニング入門 2』(産業能率大学出版部 2017)

【資料1】「立ち歩いてしゃべる授業」の振り返りシート

古典文法振り返りシート

3年（　　）組　（　　）番　氏名（　　　　　　）

月　日（　　）

学習内容〔　　　　　　　　　〕

※①②は必須

①理解度（ 5　4　3　2　1 ）　※5が最高

②達成度（ 5　4　3　2　1 ）　※5が最高

③

①学習内容についてわかったこと、わからなかったことは何か。

②課題に対して積極的に取り組めたか、どのように取り組んだか。

④その他、意見・要望・感想など。

フリースペース

できていれば□にチェック！　※一回の授業で全てやらないといけないわけではありません。

□新出の文法事項が理解できた　　□問題に出てきた既習の文法事項が理解できた

□一人で考えた　□自分の意見を言った　□人の意見を聴いた　□質問した　□教えた

□立ち歩いた　□ヒントをあげた　□人の答えと自分の答えを比べた

【資料2】スクリーンに映した問題と解き方のポイント例

うち笑まれぬべきさまの
し給へれば

なぜ連用形？

★ポイント★
・活用形は下を見て判断
・「ぬ」の選択肢は
　打消「ず」の連体形
　完了・強意「ぬ」の終止形
・「べし」は終止形接続

【資料3】生徒作成のミニKPシート例

【資料4】「KP法の授業」の振り返りシート

古典文法振り返りシート

3年（　）組（　）番　氏名（　　　）　　月　日（　）

学習内容〔　　　　　　　　　　〕

①学習内容についてわかったこと、わからなかったこと、新しく知ったこと、気を付けようと思ったことは何か。

②プレゼンテーションにおいて、工夫したところ、うまくできたところはどこか。

③プレゼンテーションにおいて、どこを改善すればもっと良くなるか。

④その他、意見・要望・感想など。

※①②③は必須

①学習内容理解度（　5　4　3　2　1　）　※5が最高

②プレゼン自己評価（　5　4　3　2　1　）　※5が最高

③

④

フリースペース

できていれば□にチェック!　　※一回の授業で全てやらないといけないわけではありません。

□今回の文法事項が理解できた

□一人で考えた　□自分の意見を言った　□人の意見を聴いた　□質問した　□教えた

□立ち歩いた　□分かりやすくなるように話し方・見せ方を工夫した

□KPの構成をきちんと練られた　□分かりやすくなるようにKPシートを工夫した　□以前と比べて改善したことがあった

技術・家庭科との教科横断型単元で日本の伝統文化を学ぶ

——和菓子を題材として——

中学3年 「鴬宿梅」「早蕨」（和菓子の名）
AL技法：グループワーク

【要旨】

　「和菓子」を題材として、家庭科との教科横断型単元を設定した。教科の内容を重ねることで、一層、伝統文化は身近なものとなり、学習内容の定着の度合いを高めると考えた。和菓子の名にまつわる古典を学習し、その過程において適宜小グループでの交流を行ったこと、ホワイトボードを用いたことがイメージを拡げ、学びの深化に寄与した。続けて家庭科でお茶を点てて菓子を食すにあたり「文化」として捉えることができていた。

1. はじめに

　国語科でも家庭科でも日本の伝統文化に着目した内容の単元、たとえば古典学習や茶道の学習が、それぞれの教科に位置づけられている。

　本校家庭科年間カリキュラムには、中学校3年時に茶道を体験する学習が位置づけられている。茶道の成り立ちを学習したうえで、抹茶をたてて和菓子をいただく。伝統文化が形となって現代にあるものはいくつもあるが、和菓子もその一つである。和菓子には、古典や和歌から季節を表す雅やかな

名がつけられている。茶道の歴史とそのお茶に添えられている和菓子について知ることで、日本の伝統文化への関心はさらに増し、家庭科、国語科双方にとって有意義な学習となり得ると考え、一つの単元として行った実践研究である。本稿ではこの研究を国語科の古典学習の発展的な内容として位置づけている。

　国語科で、古典作品と和菓子の名前について連関させた実践の一例として、「伊勢物語」の東下りの段を発展的に扱うにあたり、行われた事例（小田嶋2002）があるが、これは教科内で完結している。

　また家庭科で、和菓子についての記述を家庭科の教科書について見てみると、中学校では、小学校同様に記述が少なく、和菓子の文化の内容について触れているのは1社のみ、とある。高校においては、文化面よりも栄養面を取り扱う内容が大半を占めている。つまり、和菓子を含めた菓子については、栄養素の補給機能よりも過剰摂取を考慮すべき食べ物と考えられている。そのため、教育現場においては、菓子は食事よりも扱われる頻度が少なく、軽視される傾向にある。(村上2010、森・酒井2015)

　また、教科間連携の実践としても、和菓子についての国語科と家庭科の連携は、管見の限りでは見あたらない。そういった意味でも、価値のある研究であると考える。

　なお、この実践は中学校3年3学期の家庭科の最終授業に併せて設定されており、本実践は2013年度からの4回目の実施となる。

2．研究の方法

　はじめに、国語科で、和菓子の名前の由来を、古典の発展学習として位置づけて、実践を行った。予め、家庭科で供される和菓子の名を確認したうえで、当初から生徒へは家庭科につながる単元である旨、説明を行った。そして、和菓子の名に所縁のある古典をいくつか選び、提示する。(本実践では

「鶯宿梅」と「早蕨」）その名の意味や、その言葉が実際に作品に表れている
箇所を読んでいった。そこで、今回はホワイトボードを用いての小グループ
での活動を適宜行ったことで、古典の世界が広がり、イメージをふくらませ
ることができた。そのうえで、和菓子の予想図（解説を添えたイラスト）を
描かせた。

　次に、家庭科において、茶道の歴史を資料を用いて解説し、作法を学習する。
それから実際に茶を点てて、作法に則って菓子をいただき茶を味わう。その
後、国語科と家庭科の２時間の授業を受けての感想を書き、それをまとめ
とした。

3．単元

（1）学習指導要領との関わり

　現行（平成 20（2008）年版）の学習指導要領においては、国語科第３学
年では「歴史的背景などに注意して古典を読み、その世界に親しむこと。」
とあり、その解説において「古典の作品には、その背景となる歴史的な状況
が存在する。それを踏まえた上で古典を読むことで、作品の世界をより深く、
広く理解することが可能になる。また、作者の当時の立場や置かれていた状
況等を知ることを通して、作品の世界をより実感的にとらえることもできる。
「歴史的背景」については、作品の理解に役立つ事柄を精選して取り上げる
ようにする。作品の歴史的背景などを扱うのは、教材として取り上げた古典
への興味・関心を高めたり、内容の理解を助けたりするためであることに留
意する必要がある。」とある。

　家庭科では、「地域の食文化について理解し、地域の食材を生かした調理
などの活動に工夫し、計画を立てて実践できること」とある。また「内容の
取扱い」に「地域の伝統的な行事食や郷土料理を扱うこともできる」とあり、
東京という地域の特殊性から、本実践では食文化を扱う題材を、伝統文化の

なかでも食に関係する茶道とし、抹茶と和菓子をいただく実習を中心に展開した。事前に和菓子の名前の由来を国語科で学習し、さらに家庭科での学習・実習へとつなげることで、食文化への理解を深めることとした。(森・酒井2015)

　なお、新学習指導要領(平成30 (2018) 年版)においても、国語科・家庭科ともに扱うのにふさわしい単元であり、継続して実践を行う価値があると考える。

(2) 単元の構造【全2時間】

国語科

家庭科で食す和菓子の名の由来を知り、その菓子を想像する【1時間】

---

(1) 和菓子の名の提示
　①鶯宿梅　　②早蕨
　・季節を確認する
(2) ①②それぞれにまつわる古典を知ったり読んだりする
　①『大鏡』・端唄俗曲「春雨」
　②『万葉集』・『源氏物語』・『枕草子』・『平家物語』・『史記』・狂歌・近代短歌・近代俳句
(3) 学習内容(所縁となる事柄)を踏まえて想像し、2種類の菓子を解説付きでイラストで図示する。

家庭科

茶道の歴史を知り、作法を学び体験する【1時間】

---

(4) 和菓子の種類を知る。
(5) 茶道の歴史の概略を知る。
(5) 茶道の作法を学ぶ。
(6) 茶道を体験する。(実際に和菓子を食す。)

> (7) 単元（国語科・家庭科）を終えての感想を書く。
> ・想像していた菓子との違いや国語との関連などについて。

4．授業実践

（1）学習目標
・日本の伝統文化である和菓子にまつわる古典を知り、古典についてと茶道への興味関心を喚起する。
・家庭科で茶道を通して伝統文化を学ぶうえで和菓子の背景を知ることが大切であることを理解する。

（2）授業の実践
・対象：中学校3年生全4クラス実施

①和菓子の名には、季節感と古典に多く由来があることを説明し、本時が家庭科の学習につながる授業であることを知らせる。

②今回の和菓子の名が、「鶯宿梅」「早蕨」であることを提示し、いずれも「春」をイメージしていることを、旧暦ともあわせて確認し、資料を配布する。

・資料配付前に、グループでそれぞれの名のイメージを交流し、ホワイトボードに書き出し、全体で共有する。

グループは、男女2名ずつ4名1班。出し合ったイメージが書かれたホワイトボードを机上に置いて、自由に移動して見て回る。席に戻り、見てきたことをグループで交流する。

「鶯宿梅」については、三大和歌集の学習において、「鶯」と「梅」の組み合わせについては既習であり、交流するなかで思い出す者が多かった。「早蕨」については、『万葉集』の学習で好感度の高かった志貴皇

子の和歌を思い出す者が多かった。

　ここで個々のイメージを交流し、共有したことが、古典の作品へのよい導入の役割を果たした。

③「鶯宿梅」にまつわる古典を読む（知る）

・『大鏡』道長下（雑々物語）170

・端唄俗曲（都々逸）「春雨」柴田花守作詞

　『大鏡』については、簡単な文学史的な解説をしたうえで、内容については梅の木の持ち主であり、「勅なればいともかしこしうぐひすの宿はと問はばいかが答へむ」の作者が紀貫之の娘であるということ、「梅」と「鶯」が絵画や歌に共に表されているということをあらためておさえる。あわせて、実際には梅の木に飛来するのは日本では「メジロ」であるが、中国の「コウライウグイス」に由来があることも加える。

　「春雨」の扱いは、遊郭や男女関係についてはさらっと流し、雅な古典の世界だけにとどまらず、「梅に鶯」は庶民の間でも定着していたところに着目させる。②のホワイトボードのなかに見られる「なかがよい」「対である」「傍にいる」を取り上げる。

〔生徒作品例〕

「早蕨」は、早春という季節を意識しての色使いにしたり、「鶯宿梅」では想いを手紙に託して菓子に添えたりと学習内容が活きている。

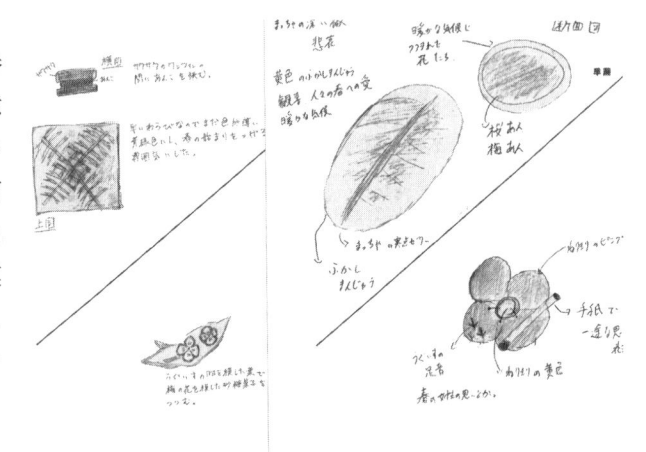

④「早蕨」にまつわる古典を読む（知る）

・『万葉集』巻8・1418番歌

「石走る　垂水の上の　さわらびの　萌え出づる春に　なりにけるかも」　志貴皇子

・四方赤良（狂歌）

・加藤楸邨、夏目漱石（近代俳句）

・斎藤茂吉、北原白秋（近代短歌）

・『枕草子』第95段

・『源氏物語』「早蕨」

・『平家物語』「大原御幸」

・『史記』「伯夷列伝第一」

『万葉集』の志貴皇子の歌は、三大和歌集の学習において既習であり、生徒の印象に残った歌の一つでもあることから、比較的イメージを持ちやすかったようである。狂歌、俳句、短歌のいずれも同様に春の訪れを喜ぶ象徴として「早蕨」が用いられていることを確認した。これには、②のホワイトボードのなかに見られる「喜び」「生命の輝き」「みずみずしい」をあわせて取り上げる。

次に、『枕草子』のなかに、干した蕨が美味しかったということ、中宮に食いしん坊と冷やかされたことが書かれているところがあり、簡単に紹介する。

そして、『源氏物語』と『平家物語』については、「早蕨」の扱いが、喜びの象徴ではなく、貴人の落魄や哀しみの象徴として用いられていることに着目させる。

その一例として『史記』の伯夷・叔斉兄弟が自国を滅ぼした周の穀物を食べることを拒み、山中にて蕨で飢えをしのいだが、やがて餓死したという逸話を読む。

つまり、「早蕨」は古来、春の喜びの象徴であったが、「哀しみや落魄」の象徴として古典に表れていることもあわせて知ることにより、生徒

の興味関心が広がる。

　ここでホワイトボードを再度見直し、学習内容をふり返りながら交流
し合うことで、さらに個々の学びが深まったと考えられる。

〔生徒作品〕

飴細工の透明感で、神聖さを表現したり、1本で通すことで一途な想いを表
したりと故事を踏まえて工夫されている。

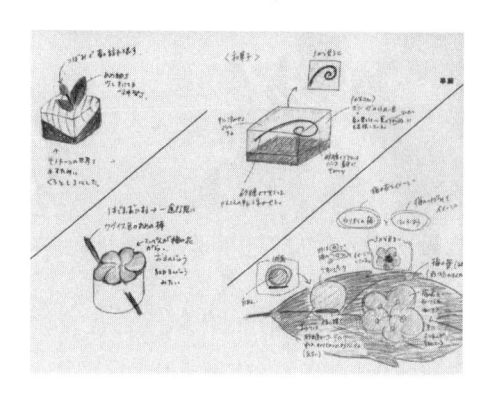

⑤学習内容（所縁となる事柄）を踏まえて「鶯宿梅」「早蕨」それぞれ菓子
　を想像して、解説を付けてイラストで図示する。事前に色鉛筆を準備させ、
　色を付けたい者には使わせる。
　・家庭科で実際に食べることになる菓子なので、生徒のモチベーション
　　は高かった。
⑥提出後、イラストを掲示して自由に交流した。
　・解説がついていることで、絵の上手い下手に引っ張られずに、菓子の
　　名への個々の想いを汲み取って交流できていた。

（3）評価
・和菓子の名にまつわる古典を学習することで、古典の世界に親しみを

　持てたか。

・家庭科につながる学習であることを意識して取り組めたか。

　以上を、終わりの感想と資料への取り組み（グループ活動等）、菓子の想像図への取り組みから判断する。

2．家庭科 (本校技術・家庭科　酒井やよい教諭による実践)

(1) 学習目標

・生活文化として和菓子、茶道を取り上げ、長年受け継がれているものには、意味があることを学ぶ。

・国語の授業で学んだことと関連させ、和菓子を食し、薄茶を飲むことで、時代を超えて、季節感やもてなしの心を感じることができ、生活文化について考えを深める。

(2) 授業の実践

・対象：中学校 3 年生全 4 クラス実施

机と椅子でいただく形（立礼）で薄茶を飲む体験をする。

①前時（国語）に描いた和菓子の絵と、実物と何が違うか考える。

　しかし、実物の見た目だけでは、名前の由来との繋がりがまだ明らかにならない。

②和菓子の種類について解説する。

③茶について学習する。

④茶道の作法を学ぶ。

⑤授業を受けて感想、気づいたことを書く。

(3) 評価

・抹茶と和菓子（「鶯宿梅」「早蕨」）をいただくことで、味に関すること

だけではなく、和食の特長である季節感やもてなしの心を大切にする
文化を理解できたか。
・家庭科と国語の学習とを関連付けることができたか。
以上のことを実習への取り組みと授業後の感想から判断する。

〔生徒作品〕
「早蕨」については、透明感やみずみずしさ
を取り入れてわらび餅を想像している。「鶯
宿梅」は梅と鶯の仲の良さを明示した菓子を
イメージしている。

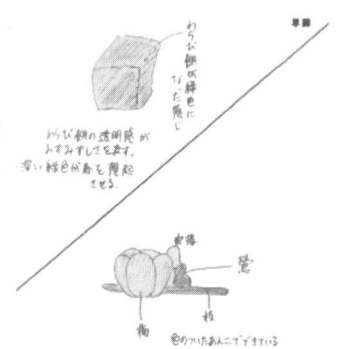

5. おわりに

　国語の授業の最後に書かせた予想図は、「鶯宿梅」については、梅の花の形、
色、そして鶯の形、色が様々に考案されていた。花粉の黄色も加えられたも
のもあった。また「早蕨」は、ぐるぐると巻いた形を、立体的に考えたもの、
あるいは菓子の表面に描くか彫るかしたもの、色はグラデーションのかかっ
た緑色が多かった。「哀しみ」は菓子のイメージにそぐわないとしたものが
大多数で、ほとんどが蕨が生き生きとしたイメージで捉えられていた。
　そして、家庭科の授業で、出された菓子を実際に食した時の様子について
酒井教諭が次のように述べている（森・酒井 2015）。

　　生徒（客）は、菓子皿から和菓子を懐紙の上にとりのせ、黒文字で一口
　　大に切ってから口に運ぶ。鶯宿梅という菓子は見かけは梅の花の形をし
　　ているが、切ってみると、中から鶯あんがでてきて、梅と鶯が揃うこと
　　となる。

「早蕨」という菓子は、見た目が蕨の形をしており、薄緑の色であるが、根元の部分が白色で作られている。切ってみると、中から小豆餡がでてきて、柔らかい蕨の芽が雪が残る大地から顔を見せた情景が目に浮かぶ。ここで国語で学習したこととつながり、世界が広がる。

　筆者はこの授業を参観したが、菓子が出された時に、どんな菓子であるかの興味関心の度合いが大変高かった。自分の予想と合っていた違っていたと生徒たちは歓声を上げていた一方で、次に、実際にプロの職人の作った菓子を見ながら、すぐに食べるのではなくて、この菓子にどんな想いが込められているのか、何を表そうとしているのかを考えて話をし合う様子が見られた。
　「鶯宿梅」については、「梅」の花の色と形が華やかにかたどられている中に、二つに割るとうぐいす餡の緑色が見えて「こんなところにうぐいすがいた！」「こうきたか。」等の様々な声が上がった。
　「早蕨」は、飴細工でなかったことに残念がる者もいたが、蕨の形が緑色の練り切りの表面に彫られていて、その根元の方の餡の色が白いことから、雪を表していると感心し、二つに割ると黒い漉し餡が表れ、土の色だと納得しながら口にしていた。
　どちらの菓子についても、ただ「きれい」とか「おいしそう」というのではなく、国語で学習した内容を思い返しながら食べており、故事や古典が実感として味わえているようであった。

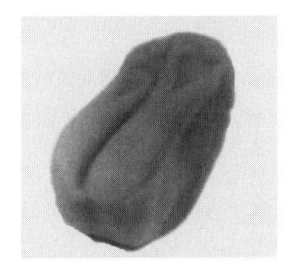

「鶯宿梅」　　　　　　　　　　「早蕨」

実際の菓子

　本研究は、国語科・家庭科の教科横断的研究であるので、学習効果をはかる視点としては、それぞれの教科の学習目標に加えて、2教科の学習の連続性について生徒が意識して取り組めていたか、ということが必要である。家庭科の学習後の生徒感想を数篇示す。

〔生徒感想〕（筆者が整理）

・それぞれの和菓子に様々な物語が隠されていて、それをもとに職人さんは和菓子を作っていると聞いて、私は季節のイメージだけでつくられていると思っていたので、和菓子も奥が深いという風に思いました。和菓子一つ一つの歴史を学ぶだけでも日本文化に触れることになります。

・和菓子が作られた由来や和菓子の細部にまで目を向け、職人さんがどのような気持ちで作られたのか考えながら食べることで、少しでも昔の人々の季節への想いや感じ方というものに触れることができると思いました。

・和菓子というものを通して、国語、家庭科の違ったそれぞれの視点から学習を深めるということがおもしろいと感じました。国語の授業で和菓子の名前の由来を学び、その名前にはどのようなストーリーがあるのか、どのような時代の話、内容なのかを知ってから、家庭科の方で本物の和菓子を目にし、口にしたので、和菓子職人のイメージする「鶯宿梅」「早蕨」をよく味わい、共有しながら食べることができました。

・和菓子のように他にも国語と家庭科をつなぐ和食などがあるのか興味を持ちました。

・私は、「鶯宿梅」の方を食べたのですが、見た目もその中も職人さんがつくりあげたイメージがつまっていて目と舌で「鶯宿梅」のストーリーを感じることができました。

・「早蕨」の表現に感動した。皮の雪と蕨、そして餡の土というのは想像を超えており、「なるほど」と納得してしまった。国語の資料集を見て思い浮かべた景色が頭の中に浮かんだ。まさか菓子一つでこんなに感動するなど思ってもいなかったので、和菓子のおもしろさにも驚きました。国語の授

業で最後に先生が紹介した「若鮎」は、前から好きな菓子だったのですが、今回の「早蕨」「鶯宿梅」と同じような視点で見えたことはなかったので、<u>次に食べる機会に是非、鑑賞してみたい。</u>

・私たちが食べている和菓子には、名前があり、背景の出来事で和菓子のコンセプトが決まっているということにも驚きました。これから、私たちが食べるものについてきちんと歴史を知る必要があると思いました。そして<u>日本の文化（とくに和食）について、まず日本人が理解するべき</u>だとも思います。

・今まではあまり和菓子のことを詳しくは知りませんでしたが、今回の国語と家庭科の授業を通して、和菓子一つ一つに季節が表されていることを知りました。<u>インターネットで「早蕨」と「鶯宿梅」について調べてみる</u>と、種類の異なったものが多く、職人さんは自分のもっているイメージから和菓子にしていてスゴいと思いました。これからは和菓子のことをもっと詳しく知り、日本人として日本の文化を大事にしていきたいです。

・鶯宿梅をいただいて、鶯がどこにあるのかずっと気になっていて、中を見てやっと意味がわかりました。うぐいすあんを使って鶯を表現していることに気づいたときは、<u>和菓子を作った人の工夫がわかって感動しました。</u>和菓子は見た目と名前と味がすべてマッチしている点が魅力的でした。

・今、とてもたくさんの種類が売られている和菓子だが、<u>それぞれ一つずつに背景があるのだ</u>ということは知らなかった。和菓子は、私たちが生まれるずっと前から歴史を刻んできていて、日本を象徴すると言っても過言ではない食べ物なのだともわかった。今では、どんどん洋風化が進んできていて、日本人の「和文化」離れも進行しているように感じるが、本来の、<u>日本特有の文化を今までよりもっと尊重し、誇りを持って大切に守っていくことが大事なのだと私は考えた。</u>そして、私が和菓子を食べるときには、国語の授業でやったように、その和菓子の背景を想像してみてから食べると、もっと日本文化のおもしろさを発見できると考えた

・一つ一つの小さなお菓子にたくさんの思いが込められていて、細部までぎっしりと工夫されていることに驚きました。また、今日食べた「鶯宿梅」と「早

蕨」も古代の人々の思いがずっと伝承されてきたものです。天皇が紀貫之の娘の梅がなくなったら、うぐいすのすみかはどうなるか、という歌を見つけたときの感動、うぐいすが梅の上で歌っている様子、また、わらびの柔らかな若芽が勢いよく上に伸びてゆく早春の風景が和菓子から伝わってきて、見るだけで風情を楽しむことができました。

　生徒のほとんどが、国語・家庭科の学習の連続性について有効であったという視点で記述していた。「早蕨」「鶯宿梅」のいずれも季節を表すことばであり、そのことばにまつわる故事や古典について学ぶにあたって、和菓子の名であることを導入とし、さらに家庭科で実際に食すという流れが、生徒の興味関心を惹き、主体的に学習に取り組めていた。古典の学習ということで同じ題材を示すよりも生徒への定着度は高かったと考えられる。家庭科としても菓子職人という和菓子の作り手の想いを意識することができたことから、茶道の作法についてもきわめて受容的に学ぶことができたと考えられる。これは、和菓子の名前の由来を学習したうえで、和菓子を予想した絵を描かせたことによるものが大きい。まさに、生徒自らが和菓子職人の立場に立ったということになるからである。

　一方で、それぞれ1時間ずつしか時間をとれなかったため、描いた絵の共有を十分に行えなかったこと、終わりの感想の共有を行えなかったことは課題である。それぞれの教科で時間を捻出するということもあるが、社会や美術といった他教科とのコラボレーションも有効に機能すると考えられる。他教科との連携は、古典の世界を現代の生活に繋げる一つの手立てであることが期待される。今後、工夫を重ねることで多様な学習につながる可能性を見出すことができた。

【参考文献】

小田嶋2002　小田嶋均「古典の「みやびな物語」の世界にふれる」（神奈川県

立総合教育センター『学習指導案』　2002)

村上2010　村上陽子「大学生における和菓子の学習状況および調理経験」(『静岡大学教育学部研究報告　教科教育学篇』41　2010.3)

森・酒井2015　森顕子・酒井やよい「日本の伝統文化を学ぶ ── 和菓子を国語科と家庭科でつなぐ ──」(『東京学芸大学附属竹早中学校研究紀要』53　2015.5)

日本古典文学全集20『大鏡』(太政大臣道長(下)　170)(小学館　1974)

日本古典文学全集3『萬葉集　二』(巻8・1418)(小学館　1972)

新釈漢文大系88『史記　八』(列伝一)(明治書院　1990)

『伊勢物語』第六段「芥川」の古典教材としての現在的意義

——本文との往還・盗まれる女——

吉野　誠

高校 1 年　『伊勢物語』

AL 技法：問いを立てる　グループワーク　ペアワーク

ICT 活用：大型モニター　タブレット（iPad）　ロイロノート・スクール

【要旨】

『伊勢物語』第六段「芥川」章段の授業の可能性を追求する。内容に対し生徒は**「問い」を立て、グループワーク**を通して答えを考え、発表する。そのなかで**本文の的確な読解**と、**広がりをもった読みを共有**する。また、「盗む」男の心情とともに、語られない**「盗まれる」女の心情**を、本文との往還のなかで思考し、**古典から現代への連続性と断絶**について認識を深める。

1．問題の所在

　2017 年 7 月現在、新たな学習指導要領が段階的に公にされている。今回の改定において、いわゆる「アクティブ・ラーニング」（以下、AL）という表現を直接用いることは回避されたが、AL の概念が反映された「主体的・対話的で深い学び」が重要視されている点は、大きな特徴の一つである。AL という表現をことさら掲げる必要がないほど、これまでも主体的・能動的な学習、協働的な学習、課題解決学習が多くの現場で実践されてきた小学

142

校や中学校に対し^(注1)、一方通行の講義が主流であったように思われる高等
学校にあっても、教育のあり方をドラスティックに変革しようとするその旗
印としてALという表現が流通する状況にあって、いよいよALとどのよう
に対峙していくかが問われる局面に立たされつつあるといえよう。

　なかでも、特定の教材の「読解」に重きが置かれがちな高等学校の古典教
育にあっては、ALとの相性の悪さが指摘されがちではなかったろうか。中
央教育審議会「幼稚園、小学校、中学校、高等学校及び特別支援学校の学習
指導要領等の改善及び必要な方策等について(答申)」の第2部第2章1(1)「現
行学習指導要領の成果と課題を踏まえた国語科の目標の在り方」(平成28
(2016)年12月21日)の以下のような指摘は、状況をよく説明しえている。

　　　高等学校では、教材への依存度が高く、主体的な言語活動が軽視され、
　　依然として講義調の伝達型授業に偏っている傾向があり、授業改善に
　　取り組む必要がある。また、文章の内容や表現の仕方を評価し目的に応
　　じて適切に活用すること、多様なメディアから読み取ったことを踏まえ
　　て自分の考えを根拠に基づいて的確に表現すること、国語の語彙の構造
　　や特徴を理解すること、古典に対する学習意欲が低いことなどが課題と
　　なっている。

　こうした状況にあって、いま続々とALを銘打った授業研究や実践報告が
なされつつある。短歌や俳句を作る、ドラマを作る、SNSにしてみる、等
といったジャンル横断、メディア横断的な表現を組み込んだ実践も多く提案
されている。

　しかし、そうした別媒体への移行は、ややもすると作品や本文そのものの
読解を二の次にしてしまいかねない(むろん、両者を並立しえている優れた
実践報告も少なからず存在する)。古典の本文に寄り添うこともそこそこに、
一足飛びに既成の現代の〈物語〉や経験に結びつけ、そこに落とし込んで事
足れりとするような取り組みにならないように気を付けなければならない。

(1)　ただし、ALが、経済活動また国際社会において「通用」するための能力開発というゴー
　　ルから遡及的に設定されている面は、従来の教育活動と同一視できない部分も多分に
　　あるように考えられる。

かといって、受動的で旧弊な逐語訳主義に古典教育を再び閉じ込めてしまうことも避けたい。古典への扉を開くような活動を一方で追求しつつも、本文の読解に軸足を置きながらそのなかで生徒が自らの生き方に結びつくような思考をめぐらせる主体的な活動の可能性を、なおも探るべきであろう。

　本稿では、こうした問題意識に基づき、高等学校第1学年の「国語総合」における定番教材、『伊勢物語』第六段、通称「芥川」章段を取り上げ、本文に寄り添いつつも生徒が主体的・協働的な学習活動に取り組めるような実践の可能性を追求してみたい。

2.　単元設定のねらいと方法

　『伊勢物語』芥川章段は、国語総合の教科書に多く採録される。

　高校1年次の学習段階において、助動詞・助詞や副詞の学習を本格的に進めているなかでは（やや上級ながら）適切な難易度である。男女一対の関係を基軸とし、妨害者としての「鬼」を配する構成自体もさほど複雑ではない。「鬼」という存在も、その機能は（一見）わかりやすく、興味もひきやすい。また「これは、二条の后の……」以降の後半部分も、敬語が入る分やや難易度は上がるが、種明かしとして読むことで前半の関係が整理される面もあり、逆に政治的な要素が明示されることで、生徒の側に多角的な興味を喚起しやすい特徴を持っている[注2]。そして何より、古典文学の正典と見なされてきた『伊勢物語』の、〈いちはやきみやび〉の体現者としての「昔男」と、二条后とおぼしき高貴な「女」との悲恋を語る物語として、文学史・文化史的にもきわめて重要な章段である。加えて、カリキュラム上この前後で

---

(2)　教科書によって「これは、二条の后の……」以降の後半部分を採録するかしないかが分かれる（奥田・弓削2010に整理あり）。本稿では、近年の諸論文と同様、後半は割愛すべきではない、という立場をとりたい。習熟度や授業時間数の関係で割愛する事情もあろうが、後半の難易度が高いわけではない。授業時間の都合などがあるのであれば、現代語訳を付記し、軽く触れるだけでもよい。第六段でなく第五段（関守章段）を扱うという判断もありえてよい。いずれにせよ、六段の後半部分を恣意的に削除することは避けたい。後人増補説も未だ根強く、あるいは後人増補として説明した方が生徒にとっては分かりやすくもあるが、後人増補であるとして二条后と業平との関係を重ね合わせてきた享受史は重要であり、『源氏物語』をはじめその射程距離は長い。
　　　ただし一方で、歌物語の典型から「芥川」の構成は逸脱していることもまた指摘できる。歌物語の典型を学ばせたいというねらいがあるのであれば、『伊勢物語』であれば「筒井筒」、または『大和物語』などの方が適切である。

和歌を扱う場合が多く、相互に有機的につながりを持たせやすい利点もある。

　芥川章段に指摘できる教材価値は一般に以上のようなものかと思われるが、加えて次の二つの特徴を有する所にさらなる教材価値を見出したい。

　(1) 芥川章段は、適度に「謎」の多いテキストであるということ。

　例えば、「女」がいかに深窓の姫君であっても、露を見知らぬということがあろうか。「かれは何ぞ」という発話があったのが和歌で「白玉か何ぞ」とされているのをどう考えたらよいか。「かれは何ぞ」と述べた女が、後半部分で「いみじう泣く」こととは矛盾しないのか[注3]。男の情念のみが語られるが、女の思いが語られないのはなぜか。あるいは語られない女の思いはどのようなものであったのか。そもそも「鬼」とは何か（『伊勢物語』では、単語として五一段の和歌中に1例見られるのみで他に鬼に言及する章段はない。後半に種明かし的な展開を持つ構成も、他にはほとんど見られない趣向である）。このような問いは一読してすぐ浮かぶ所であろう。

　しかし、恋、兄（大人）の規制、熱情的な奪取、恋の失敗、悲嘆、といったポイントは、現代に生きる私たちの身の上においても、全くの別世界の出来事ということもなく、背景や状況、社会に懸隔はあっても、そこで語られる人間関係に全く想像が及ばないというほどではない。この彼我の適度な距離感から、芥川章段は、現代人に「問い」を喚起させやすいテキストであると言えよう。

　こうした「謎」を、作品としての不備や瑕疵、あるいは未熟さであると評したり、また、成立過程論的な観点に基づいて説明してゆくのも一つの立場であるが、本文そのものの難解さに由来するものでないかぎりは、むしろ作品世界の解釈の幅と奥行きを広げていく糸口と見なしていくべきであろう。「問い」を多く立てられる点はこのテキストの大きな教材価値であると考えたい。

　(2) 芥川章段では女の心情がほとんど表れていないということ。

　(1) の列挙中でも触れたが、この章段では、男側の熱情や行動、歌が語られる一方、その熱情を傾けられた対象である「女」の発話、行動の描写は

---

(3)　なお、後半の「いみじう泣く人あるを聞きつけて」の「人」を高子ととるのが通釈であるが、これを、高子付きの女房と理解できないだろうか。管見の限りそうした見解はないが、高子であれば「いみじう泣く人おはす」とあるべきであろう。この「人」を女房とみれば、「盗みて負ひて出でたりけるを」と整合し、「女」の「男」への好意の可能性は高まる。

きわめて少なく、歌も詠むことがない。それだけにこの「女」は「男」の心情に即した読みからは都合良く解釈されがちである。だが、歌を詠まないのは展開上の必然とはいえようが、『伊勢物語』の他の章段で少なからず男女間の言葉のやりとりや贈答歌があることを思えば、この章段での女の心理の語られなさには一考の余地がある。これについては次のような指摘がある。

> ともすれば、身分違いの恋という前提のために、女は夜露さえも知らない深窓の姫君だという読みを押しつけていないだろうか。逃げるのに必死な男に対して、まわりを見て夜露に興味を持つ無邪気な姫君といった女の幼さを読むことも可能だろうし、暗い夜にまわりで無気味に光る物に対する女の恐怖感を読みとることも可能だろう。くれぐれも教師の側からの読みの押しつけをしないように配慮したい。男と女がどんな関係かも語らないこの物語は、女がどんな気持ちでこの言葉を発したのかについても語ろうとしない。女のこの問いかけに対しても、男は沈黙したまま、物語は展開する（室城 2003）。

　室城の指摘はここで終わっているが、女の立場に立って考えることによって、『伊勢物語』、また『伊勢物語』の受容者が有する男女の関係性に関する枠組みを対象化する契機となりうるように考えられる。このことは、ジェンダーをめぐる議論もその射程の内に含むだろう。語られない「盗まれる」側である女の側の心情に思考を及ばせる契機を持つ点に、一定の意義を見出したい。男に盗まれた女の心情については、研究の水準においては、

a　初めから同意のものであった　　　……秋山 1997 など
b　盗まれた後に女が（わずかではあれ）心を許していった
　　　　　　　　　　　　　　　　　　　……河添 1998・神田 2003 など
c　同意も時間の推移にともなう心の交流もない　……立石 2008 など

のように解釈に幅がある。受容の仕方によっては男女の非対称的な関係における暴力性を補強する可能性すら指摘されている[注4]。この振り幅のなかで考えさせてゆく取り組みはあってよいように考えられるのである。

以上二つの特徴は、AL時代においてより求められている、主体的かつ協働的な活動、また、自らの生き方に結びつくような思考をめぐらせる活動を生徒が行うのに適している、というのが私見である。これを踏まえ、芥川章段について、次のような学習活動の展開を提示したい。

（1）生徒に読解上の疑問点を指摘させる。生徒はその主要なものをグループで話し合い、答えをまとめ、発表する。

生徒には「問い」を個別に列挙させる。教員はそれらを集約し生徒に提示する。生徒は、それらに対する自分なりの答えをまとめたあと、グループワークで意見をまとめ、全体の場で発表することとする。

むろん、「問い」といっても、生徒が古典常識や背景を知らないゆえに生じるものと、研究者であっても解釈が割れているものとが混在するはずである。教員は、それらを整序しながら、正誤は明らかにし、一方で読みの可能性を広げその魅力とスリリングさを提示していく必要がある。

（2）盗む「男」だけでなく、盗まれる側の「女」の心情を推測し、本文に根拠を求めながらペアワークで話し合いまとめていく。

物語は「昔男」の物語として展開している。その展開のなかで、男の心情をたどることをまずはしっかりと行いたい[注5]。それを大前提としたうえで、さらに、女の側の心情を問うことを提案したい。前述の通り、物語が有する男女の関係性の枠組みを対象化することで、生徒が自らの生き方や現在の社会のあり方について考えを深める契機となりうる。これは広く述べれば、古典世界の価値観と現代世界の価値観との連続と非連続を認識する契機となるともいえよう。

さて、この際に肝要なことは、心情について述べる時、自分の想定した心情の根拠となる本文をできる限り参照させることである。根拠を自覚し、ペ

---

　(4)　立石 2008 はこの点を強調する。抜粋すれば、「芥川段をロマンティックに語り、男の行動を悲劇として位置づけるためには、女の同意と「陶酔」は、ぜひとも補われなければならない条件なのである。これがひとたび覆ると、男の身勝手な幻想と暴力性とが露呈することとなる。それを嫌う読者 […] の欲望が、女性の内面を捨て去り、その空白に女性の同意を補うことになる」とある。立石は一部教科書に採録されていた『大和物語』「安積山」の段も取り上げ、教育の現場で「偏向した性の枠組みが再生産されている」可能性について言及する。いささか極論ではあるが、現代社会において王朝文学を生徒に学ばせる立場においては留意すべき見解である。

アに対してそれ説明し、ペアワークや教室全体でのまとめによってその妥当性や可能性を検証することで、論理的かつ多様性をもった思考力の強度を高めていきたい。

　ちなみに、『伊勢物語』の芥川章段が「男」を語る物語であるのに対して、『源氏物語』はそうした「男」の幻想のうえに生きる女の「身」の意識を主題の一つにしているといえる。ここでの取り組みを、高校2・3年次の『源氏物語』の学習につなげてゆきたい。若紫巻の若紫発見の場面は多くの高等学校で扱われる教材であるが、そこでも、盗む男／盗まれる女が語られる。『源氏物語』が前本文（プレテクスト）として『伊勢物語』を引用することについて教室で触れる機会は多いだろうが、さらに主題そのものにも連続性・発展性があることに気づかせたい。すなわち、「芥川」をはかなく美しい話と見なすとしても、『源氏物語』がその主題をひきつぎ、〈さらわれたあとの女の生〉という問題を扱っていることに着地させて再考させていくことができるのである。ちなみに、男女の関係において女の心情が語られないという点に関しては、『源氏物語』において藤壺の光源氏への心情が明言されない点と連動させて考えることもできる（ただし藤壺は和歌を詠む点が二条后と異なる）。語られない女の心情という問題系が引き継がれていくと見なしうるのである。

3.　授業実践報告

　本節では、前節で提起した芥川章段の授業展開の実践を報告する。なお、

（5）　奥田・弓削 2010 は、各社の教科書の「学習の手引き」を比較したうえで、男の行動の整理と心情把握を内容理解の軸とすべきであると主張している。それを「手引き」で示す教科書の少なさを指摘したうえで次のように述べる。「注目すべきは、数研出版の教科書である。この手引きには「女の境遇」に関する問いが全くなく、男の心情を追うことが軸になっていて、問いに緊密な関係性が認められる。物語の展開に即して男の心情を整理させる問いは、単にストーリーだけではなく主題に繋がる表現性を捕捉させる点からも有効であろう。［…］この教科書は後半部まで掲載しているが、ここでは「手引き」を使って、物語を明確に前半と後半とに分けて読ませようとする配慮がなされている。はじめに前半を読む際「女の境遇」を不問に付すのは、後半まで読み進んだ段階で、前半とは別に『伊勢物語』を在原業平と二条后との恋物語として理解しようとする読みのあることを学ばせようとする意図によるものであろう。後半まで載せる教科書の場合、ややもすると前半の女の境遇と後半の歴史的事実とを短絡的に結び付けがちであり、そうすると単なる謎解きや種明かしで終わってしまいかねない。そのような浮薄な読みを排する点でも、後半を「発展学習」として峻別して扱うのは有効な手立てであろう。」（傍線、省略は筆者）

これらの活動においては ICT 機器を部分的に活用した。具体的には、授業時にタブレット (iPad) をクラス全員に配布し、学習支援アプリ（「ロイロノート・スクール」。以下「ロイロノート」と略す）を用いながら協働的な学習を展開することを意図した。

○単元：歌物語の世界——『伊勢物語』

○単元の目標：
・物語で語られている内容や展開を的確に読み取る。（読む）
・登場人物の心情を、本文や古典知識、物語の特徴など論拠に基づいて考察し、話し合ったうえで、考えを深め、豊かにする。（読む・話す・聞く）
・物語のなかでの和歌の機能について理解する。（知識・理解）
・歌物語の特徴を理解する。（知識・理解）

○対象：高等学校 1 年　筆者の勤務校における男子 41 名の学級
　　　勤務校は男子校である。この学級は公立中学等から入学した生徒からなる。出身中学校別に古典の学習の習得度は様々である。
　＊ ICT 機器の環境は、黒板の横にモニターがあり、教員用のタブレット (iPad) と wi-fi を通して接続してある (AppleTV を用いたシステム)。ほかに生徒人数分のタブレット (iPad) を配布して使用できる。タブレットにはそれぞれ「ロイロノート」をインストールしてある。

○実施の対象と時期：高校 1 年次　第 2 学期（10 月〜 11 月）
　　　2 学期は長文読解と並行して助動詞・敬語を学習し始めている。

○教材：『伊勢物語』第六段「芥川」（自作教材）

○生徒の学習活動の内容と展開　　　　　　＊＝教員の指導内容、留意点

第1時

　①「歌物語」および『伊勢物語』
　　の文学史的事項について理解す
　　る。

　②新出の古文単語・文法を理解す
　　る。

第2〜4時

　①現代語訳を行う。

　＊部分ごとに複数の生徒を指名。比較検討しながら最適の訳文を検討。

　＊本文PDFをタブレットで開き、wi-fiを通してモニターに示し、ペンで
　　必要事項を本文横に書き込む。黒板には現代語訳や図示などを行う。

　＊内容の詳細な解説、心情読解にはあまり立ち入らずに進める（この方針
　　は生徒にも告知する）。ただし生徒の発表した内容が詳細の理解を必要
　　とする場合はその限りではない。

　②作中和歌についてその内容と機能について考える。

　③「芥川」章段における「男」の心情を追い、理解を共有する。

第5時

　①「芥川」章段への〈問い〉を立て、2〜3行でまとめて文章化し、提出する。

　＊ワークシート（WS）1「この物語を読んだうえで、疑問を列挙してみ
　　よう〈問いを立てる力〉」の配布と実施。【WSは本稿末尾に掲出】

　＊「問いを立てる」ことについて自覚・認識させる。

第6〜7時

　①自分たちで立てた〈問い〉について、その答えを本文に沿って自分1
　　人で考える。

　＊WS1から本文理解の根幹に関わる問いを抜粋した、WS2「問いを立て、
　　答えを考える」の配布と実施。【後掲資料1】

　②①をグループで話し合い、解答をまとめる。（7人×6グループ。1グルー
　　プが2問分を受け持つ）

＊グループ作りを指示。各グループにホワイトボードを配布。グループワーク時に巡回し、助言する。

③ホワイトボードに解答を書き、黒板に掲示する。【後掲資料2】

④掲示された問題をクラス全体で1問ずつ検討し、最良の解答を考える。

＊本文PDFをモニターに映し出し、随時、生徒が解答の根拠としている部分を問うて示したり、検討のために見落とされている部分を気づかせたりする。

＊ホワイトボードの内容を次時までにWS3の形にまとめておく。【掲出略】

第8～9時

①「女」は「男」をどう思っていたのかということについて個々の考えを文章の形でまとめる。その答えについて、芥川の本文上に根拠があれば、根拠となる箇所についてマーカーを引いたうえで、説明のなかに文章の形で組み込む。

＊予め、ロイロノートのクラウド上にWS4「女の心情を考える」（「芥川」の本文を併記）をアップロードしておく。

＊iPadの配布。ロイロノートを開きWS4を出すよう指示する。

＊生徒の作業中、できるだけ本文に根拠を見出したうえで、自らの考えを表現（外化）することを喚起する。

②これを下書きとし、ペアワークとして、ペアと意見交換をし、最良の解答を考え、まとめる。

③時間になったら、ロイロノートの「提出箱」（クラウド上）に提出する。

【後掲資料3】

④他の解答と比較検討し、また教員の提起も受けつつ、心情を深く理解する。読解の多様性およびその多様な読解の妥当性について考えを深める。

＊指導上の留意点は第6時に同じ。

⑤他の章段での語られ方、『源氏物語』等への発展性について理解を深める。本文によって読解しうる心情や、本文外の要素を加味した時に読解しうる心情を考える。古典から現代への連続性と断絶について認識を深める。

＊当時の認識や、語りのバイアス、また作品の特色に言及する。

＊本文を踏まえた解答を評価する。踏まえていなくてもそこに論理性や発想力があれば評価する。

③振り返りシートにより、本文の読み込みと往還のなかでさまざまに読解ができてきたかを自己確認する。（評価）【掲出は省略】

152

4. 授業実践の実際から

実際に授業を行ってみたうえでの到達点や反省点を列挙する。

（1）問いを自ら立てる活動について

・思った以上によく取り組んでいた。

・古典の授業で「なぜ」を問うたが、どう取り組んだらよいか考えあぐねている生徒がいる一方で、苦も無く書ける生徒も少なくなかった。できている生徒の解答を見ることで小・中学校での国語や、高等学校での現代文教材での取り組みとの連続性を見てとり、古典教材といえども考え方は同じであるとわかれば、今後はより様々な意見が書けるようになっていくだろうと予感させられた。

・生徒が挙げた問いは、古典知識に対する「なぜ」と、展開に対する「なぜ」とに大別できる。単純な古典知識の理解の有無をはかるために前者は有益であったが、生徒がもう少し慣れてくれば、物語の読みそのものといえる後者にウエイトを置いていきたい。

・時間の都合上、全体で共有する問いを六つに集約せざるをえなかった。全てを扱うことはできないので仕方がないが、おもしろい着眼点のものもあったので、もったいなくもあった。たとえば、ある生徒の問いとして「なぜ前半で、女を取り返されたことを「鬼が女を食った」と表現して女を殺したのか？」とあった。授業中のやりとりにおいて、実際は高子は死んでいないが、取り戻されたことで人間としては「死んだ」のではないか、などといった議論にまで発展した。生徒の問いが、深い読解への推進力となることを実感した。

・初読時に教師が施した説明の言葉をダイレクトに反映させた問いが散見された。授業をしっかり聞いていたことの証左ではあるが、難しい問題である。先入観を与えないような解説を心がける他に方法はなさそうで

ある。

・グループワークの人数は、都合上7人で1グループとしたが、きちんと互いに話し合うということを成立させるためには、4人ないし5人ぐらいで1グループとするのが適切かと考えられる。

・本文に沿った解答を導き出そうとしたグループの解答を高く評価した。逆に、根拠を述べずに答えのみ述べたグループには、指名してその根拠を問うた。本文との往還を行わせるこのやりとりは重要であろう。

・時間内でグループワークによりまとめた成果を発表するのには、ホワイトボードは適切であった。ICT環境が揃っていても、ホワイトボードや黒板にはそれぞれインターフェイスとしての利点がある。

・グループワーク、ペアワークの際の教師の動きやはたらきかけについてはなお課題が大きい。

(2)「女」の心情をペアワークを通して考える

・この学級では、男への好意があるかないかに二分されたが、同時に実施した別の学級では、男の心情に時間的な推移を読み込んだペアが複数あった。

・ペアワークは、相談しながらよくやっていたが、一方が一生懸命タブレットに向かっていて、もう一方はあまり関心がない、というペアもあった。ICTへの物珍しさで興味を持続させている部分も大きかった。

・ペアワークの良さもあるが、3人で取り組ませた方がよいようにも思われた。2人だと二者の力関係で進められがちな所がある。

・WS4を仕上げるにあたり、本文と往還しながら答えを書けたペアが多かった。PDFにカラーで書き込みもでき、見づらさもそれほどではない。国語については感覚的に答えを導き出そうとする向きも強いので、あくまで本文（根拠）に基づいて客観的な解答がここでは求められているということを、ビジュアルに確認できた意味は大きかったように思われる。

・そのうえで、逆に、本文に記述がないことを根拠とする解答——具体的

には「嫌がっている描写がないから、女は男に好意を持っている」とい
う答え——が出てきた。この「ない」ことを根拠とする発想自体は評価
したうえで、しかし全面的に受容するのではなく、これを契機に、現代
の愛情関係に敷衍させて議論を進められた（「抵抗しなかったから男に
好意を持っている」と見なしてよいかという問題）。とりわけ、男子校
である勤務校にあって、女性の立場に身を置き思考すること、さらにそ
の際に偏った見方をしうることを明確に自覚する契機を教室で共有しえ
たことは重要であった。

5. まとめと今後の展望

　以上のように、課題は多いながら一定の成果を得た。「芥川」章段を題材に、
テキストの内容に関する問いを立て、それへの答えを、本文に根拠を求めな
がら、クラスメートと共に協働的に活動しながら考え、発表することができ
た。また、盗む男の側に加えて、盗まれた女の立場に身を置いて考えること
によって、自らの思考や認識のあり方を相対化・多角化して捉え直すことが
できた。本文に寄り添い、より深く、多角的に物事を考え、自らの生き方を
問い直すような機会となる古典教育は、今後も目指されるべきであろう。
　最後に、ICT について付言したい。古典教育における ICT を用いた調べ
学習は、周辺事項を調べることに秀でるが、本文を読む、読みを広げる、よ
り深い読みを追究することにつなげていくには工夫が必要だ。野放図に調べ
させると、「マナペディア」なるサイトや「Yahoo! 知恵袋」などに載る、誰
が書いたのかわからない本文の「正しい訳」「正しい品詞分解」を探し出し
て終わりになりかねない。今回の実践では、本文との往還を意識させる発問
や喚起の一助として ICT を活用したが、このような目的のためには ICT は
適しているように思われた。

【資料1】WS2「問いを立て、答えを考える」への生徒の解答例（なお、「→」以降にこれらを集約して生徒に提示し直した「問い」を併記する）

■女／高子を盗む・鬼が食う
・なぜ高子を盗み出せたのか？　どういう守備体制だったらそんな簡単に盗み出せるのか。／・夜中といえども宮中は監視がすごいはずなのに、どうやって盗み出したのか。／・そんなに簡単に女を盗み出せたのか。／・なぜ女は盗み出されたのに落ち着いているのか。／・男が女を盗む理由がよくわからない。盗むのが成功したとしても、計画性もなしにするのはリスクが高いし、つかまったときの危険性も高い。

$\qquad$ →〈なぜ女を（簡単に？）盗み出せたのか。〉

・連れ出される女はいやいや連れ出されていたのか。／・前半の女はなぜ男に盗まれた時冷静だったのか。／・なぜ女はそのまま連れ去られたのか。

$\qquad$ →〈盗まれた時の女の心情はどういうものか。〉

・なぜ鬼と言っているのか。／・女を取り返した男のことを鬼と表現するのはなぜか。／・なぜ前半で、女を取り返されたことを「鬼が女を食った」と表現して女を殺したのか？／・大臣と国経が二条の后を取り返したことは良いことなのに、なぜ鬼が女を食ってしまったという表現なのか。／・太郎国経は后を助けたのに、なぜ鬼のような怖いものとして語られているのか。／・なぜ男は戸口にいたのに女は食われたのか。／・なぜ「はや一口」なのか。／・なぜ女を取られたときに男が何もしなかったのか。／・なぜ男は引き連れた女が食われたことにすぐ気づかなかったのか。

$\qquad$ →〈なぜ女を取り返す存在が「鬼」と表現されたのか。〉

■露について
・露に関する一節の必要性があるのか？／・露の役割とは何か。／・なぜ露

を問うたのか。／・どうして「かれは何ぞ」という問いに男は返答しないのか。／・女と二人きりで倉に入ったのに何で何もしなかったのか。

　　　→〈露（／白玉）をめぐるやりとりの、物語のなかでの役割とは何か。〉

■前半・後半について

・前半では女を連れて倉に入ることができ、門番（警護？）をしているのに、後半ではどこにも入れず、見守っていなかったのか。／・「鬼あるところとも知らで」とあるが、実際は基経と国経は後から取り返しに来たのだから、（鬼が）先にそこに居たことにならないのではないか。／・なぜ「ある人」は泣いていたのか。／・なぜ寓話と実際のことを並べたのか。

　　　　　→〈なぜ業平は基経・国経が取り返しに来た際に、何もしないのか。〉

・どうして基経と国経は高子を取り返さなければいけなかったのか。

　　　　　→〈なぜ基経と国経は高子を取り返さなければいけなかったのか。〉

■業平（と思われる昔男）

・アイドル的な業平が、なぜダメな男として描かれているのか。／・在原業平はこのあとどうなったのか。

　　　　　　　　　→〈業平はどういう男として描かれているか。〉

【資料2】WS2 に対してのグループワークによる生徒の解答例
問1　なぜ女を（簡単に？）盗み出せたのか。
　・警護が厳しいなか、盗みだそうと試みた男の女への情熱が激しく強いものだったから。／・女の側も男のことが好きで抜け出すのに協力したから。
問2　なぜ女を取り返す存在が「鬼」と表現されたのか。
　・男から見ると、女を取り返す存在は悪であり、それを象徴するものとし

て設定されているから。

問3　露（／白玉）をめぐるやりとりの、物語のなかでの役割とは何か。

・男と女の恋のはかない関係を表す役割。／・露を「白玉」と間違えたところから、女が深層の姫君で高貴な身分であることを示す役割。

問4　なぜ業平は基経・国経が取り返しに来た際に、何もしないのか。

・権力に屈したから。／・なすすべもないほど、基経・国経の権力は圧倒的だったから。

問5　なぜ基経と国経は高子を取り返さなければいけなかったのか。

・藤原氏である基経・国経にとって、高子は天皇家に入内させ権力を維持するために重要な存在であり、在原業平ごときに奪われてはならないから。

問6　業平はどういう男として描かれているか。

・情熱的な男。

【資料3】WS4に対してのペアワークによる生徒の解答例（傍線は本文に根拠を見出したもの。二重線は本文を超えた読解）

■A　好意がある

・悪い思いは持っておらずむしろ好意的な感情を持っていたと考えられる。なぜなら男は女を決して易しくない警備の中から案外すんなりと盗み出せており、また女は倉から逃げ出そうともしておらず、男に「盗まれる」ことに同意していたと考えられるからだ。

・連れ去られたにもかかわらず、男に質問をしたり、兄たちに連れ戻されるときに悲鳴をあげていることから、女は男に好感を持っていると考えられる。

・男に連れられたことで外に出ることができたので感謝の気持ちを持っている。女も男のことを思っている。本当に助けが来るのを望んでいたら

「あなや」などと言わないはずだ。

・恋い焦がれる二人と権力の構図。兄を鬼と表現し、連れ去られるときに業平を呼んでいることなどから少なくとも好意を抱いていると考えられる。

・入内する予定である女が、男についていき、「かれは何ぞ」と男に問うたところから、女は男に好意を持ち、少なくとも悪い思いはなく、一緒にいたいという思いがある。

・(盗み出せていて、会話もしているので) 少なくとも好意は抱いていた。抵抗はしていないが、少しうっとうしいと感じていたのではないか。

・未知の世界を教えてくれた男に好意を抱くが入内の道具である自分はその男と結婚できず悲しく思っていた。

・自分の知らない外の世界を見せてくれた人として好意を持っている。

・長年の求婚を許可しなかったのは家柄の問題で、男と離れたくなさそうだったので、女は男に好意を抱いている。

・高貴で手が届かない女を奪おうとするほど情熱的な人だったので男を嫌がってはいなかった。(いやがっているという記述がない)

・女は長年、男に求婚され続けていたため、男に気持ちが傾いていた。そして追っ手が来ている時に男の言うことを聞いたので信頼と思われる。

・何年も通い続けていたので嫌な感情はなく、どんな男なのか興味を持っていた。自分は箱入り娘なので、外界を教えてくれる人が新鮮な存在だった。

・もし女が男に特別な感情をもっていなければ連れ出すとき抵抗していたはずだから好意はあった。けれども今後のことに不安を感じていた。

■B　嫌がっている

・監禁みたいだから、できれば連れ去られたくなかったと思う。

・男が女に長年の間求婚し続けていたが、結局、了解もなしに、盗み出し、少しの間、監禁されたことから、恐怖の感情を抱いていた。

・何年も求婚され続けて、<u>武器も持って倉に押し込まれたりした</u>から、男に対して恐怖感を抱いていた。

【参考文献】

秋山 1997　堀内秀晃・秋山虔校注『新日本古典文学大系　竹取物語　伊勢物語』（岩波書店　1997、『伊勢物語』校注は秋山虔による）

河添 1998　河添房江「伊勢物語の和歌と変容」（『源氏物語表現史』翰林書房　1998）

神田 2003　神田龍之介「『伊勢物語』第六段の理解 —— 作中和歌の表現性を中心に ——」（『中古文学』72　2003.11）

室城 2003　室城秀之「「伊勢物語「芥川」（六段） —— 教材論として」（前田雅之〔ほか〕編『〈新しい作品論〉へ、〈新しい教材論〉へ　古典編 1』右文書院　2003）

立石 2008　立石和弘『男が女を盗む話 —— 紫の上は「幸せ」だったのか ——』中公新書（中央公論新社　2008）

奥田・弓削 2010　奥田哲也・弓削繁「『伊勢物語』第六段の主題と学習指導」（『岐阜大学教育学部研究報告　教育実践研究』12　2010.3）

【ワークシート1】

この物語を読んだうえで、疑問を列挙してみよう。（問いを立てる力）

【ワークシート2】

『伊勢物語』第六段　WS2　【問いを立て、答えを考える】

問1　なぜ女を（簡単に？）盗み出せたのか。

メモ

問2　なぜ女を取り返す存在が「鬼」と表現されたのか。

メモ

問3　露（／白玉）をめぐるやりとりの、物語の中での役割とは何か。

メモ

問4　なぜ業平は基経・国経が取り返しに来た際に、何もしないのか。

メモ

問5　どうして基経と国経は高子を取り返さなければいけなかったのか。

メモ

問6　業平はどういう男として描かれているか。

メモ

【ワークシート4】

問　女は、男に対してどういう思いを持っていたと考えられるか。説明してみよう。

むかし、男ありけり。女のえ得まじかりけるを、年を経てよばひわたりけるを、からうじて盗みいでて、いと暗きに来けり。芥河といふ河を率ていきければ、草の上に置きたりける露を、「かれは何ぞ」となむ男に問ひける。ゆく先おほく、夜もふけにければ、鬼ある所ともしらで、神さへいといみじう鳴り、雨もいたう降りければ、あばらなる倉に、女をば奥におし入れて、男、弓・胡簶を負ひて戸口にをり、はや夜も明けなむと思ひつつゐたりけるに、鬼はや一口に食ひてけり。「あなや」といひけれど、神鳴るさわぎに、え聞かざりけり。やうやう夜も明けゆくに、

見れば率て来し女もなし。足ずりをして泣けどもかひなし。

　白玉か何ぞと人の問ひし時つゆとこたへて消えなましものを

これは二条の后の、いとこの女御の御もとに、仕うまつるやうにてゐたまへりけるを、かたちのいとめでたくおはしければ、盗みて負ひていでたりけるを、御兄、堀河の大臣、太郎国経の大納言、まだ下臈にて、内裏へ参りたまふに、いみじう泣く人あるを聞きつけて、とどめてとりかへしたまうてけり。それをかく鬼とはいふなりけり。まだいと若うて、后のただにおはしける時とや。

古典の読みを深めるアクティブ・ラーニング

——『更級日記』における『源氏物語』の受容を探る——

古屋　明子

高校 2 年　『更級日記』『源氏物語』
AL 技法：シンク・ペア・シェア　ジグソー法　コラボラティブ・ライティング
ICT 活用：パワーポイント　10min. ボックス古文・漢文［国語中・高］　インターネット検索

【要旨】

　先人や自己、他者それぞれの考えを比較し、**思考力・判断力・表現力**を高めることを目指す授業を提起する。パワーポイントを用いた作品・作者の紹介は効果的である。一斉授業後生徒が**シンク・ペア・シェア**を経た 5 人の女君の人物像理解、**PC 教室**等で調べ専門家グループで協議し**ジグソーグループ**での各発表視聴後の人物像理解、**コラボラティブ・ライティング**結果の**ホワイトボード**掲示での発表、その後の一斉授業で、全体的に読みを深めることができる。

1．はじめに

(1) アクティブ・ラーニングとは何か

　アクティブ・ラーニングは、2015 年 11 月中央教育審議会初等中等教育分科会（第 100 回）教育課程企画特別部会において、学習指導要領等の理

念を実現するために必要な方策の一つとして提言された。その後 2016 年 2 月には、同部会において、アクティブ・ラーニングの視点と資質・能力に関する参考資料も提示された。文部科学省の「用語集」（平成 24（2012）年 3 月第 6 期中央教育審議会）によると、アクティブ・ラーニングとは、「学修者の能動的な学修への参加を取り入れた教授・学習法の総称」であり、その方法として「発見学習、問題解決学習、体験学習、調査学習等」や「教室内でのグループ・ディスカッション、ディベート、グループ・ワーク等」を挙げている。しかし、この定義や方法だと、今まで行われてきた生徒参加型の能動的な学習との差異がよく分からない。

そこで筆者は、溝上慎一氏のアクティブラーニングの定義[注1]における「活動への関与と、そこで生じる認知プロセスの外化」に着目して、新しい指導法を考えていく。

（2）アクティブ・ラーニングはどのような生徒に向いているか

アクティブ・ラーニングに関する様々な実践報告を読んだり、研究授業を見たりしたうえでの筆者の結論は、アクティブ・ラーニングは、勉強が苦手な生徒の動機付けにつながるか、または、（都立高校ならば）進学指導重点校の生徒の問題解決能力の向上になるかのどちらかであるというものであった。その中間層の高等学校の生徒に中途半端に行っても、実力が身に付くとは思われなかった。

ところが、バークレイらによると、成績が良い学生も悪い学生もグループ学習から同様に利益をえることができる[注2]という。

そこで、本校の生徒にアクティブ・ラーニングを実践したり、本校初任者の研究授業を見たりした結果、やはり、明確な目標と活動内容、的確な評価法によっては、どのような生徒にも適したアクティブ・ラーニングというも

---

(1) 「アクティブラーニング（active learning）を、『一方向的な知識伝達型講義を聴くという（受動的）学習を乗り越える意味での、あらゆる能動的な学習のこと。能動的な学習には、書く・話す・発表するなどの活動への関与と、そこで生じる認知プロセスの外化を伴う。』と定義する」（溝上 2014）

(2) 「全体としてみれば、成績が良い学生も悪い学生もグループ学習から同様に利益をえることができますが、理由は異なるという主張が実証されています。成績の良い学生は自分の考えや知識をほかの学生にも分かるように体系的に見直すことにより利益をえます。一方、成績の良くない学生は仲間の学生の説明を聞くことにより利益をえます」『どんな学生がグループ学習で利益をえるか』という質問に対するもっとも単純な答えは『ほとんどすべての学生』といえます」（バークレイ・クロス・メジャー 2009）

のがあるのではないかと考えるようになった。

(3) アクティブ・ラーニングで古典の読解力を伸ばすには

①混合型の授業形式

生徒に不安感を与えず確実に読解力を伸ばすには、まず「一斉授業（個別学習）」、次に「アクティブ・ラーニング（協同学習）」、最後に「一斉授業（個別学習）」の形式を用いる。

②グループ編成の工夫

バークレイらによると、アクティブ・ラーニングにおける協同学習では、作業の速度に個人差がある、中心的役割を担う者が少数である、対人関係スキルが乏しい等の理由で機能しないグループが生まれることがあるという（バークレイ・クロス・メジャー 2009）。そこで以下のような工夫をした。

- グループ人数は 2 ～ 5 人にする。

  シンク・ペア・シェア[注3] では 2 人、ジグソー[注4] では専門家グループは 4 人、ジグソーグループは 5 人で実践した。

- グループ同士の学力平均が同じになるようにする。
- メンバーの役割を明確にする（司会・記録・報告発表・時間管理・資料管理［ファイル綴じ］等）。

③三つの学習目標（下位・中位・上位の 3 段階）

- 古典の世界を知る。
- 古語と古典文法に関する基本的な知識を身に付け、現代語訳の手法を理解する。

---

(3) 課題に対してまず一人で考え、次にパートナーと話し合い、考えを共有する技法。「最初は一人の仲間を相手に自分の意見を述べるという場面を準備することは、クラスという、より大きなグループで話すという意欲と心構えを一般的に高めます。」（バークレイ・クロス・メジャー 2009）

(4) まず、専門家グループで決められた話題を学習し、それを他者に効果的に教える方法を検討する。次に、全然違う話題を専門にしている学生同士で構成されたジグソーグループで各自の専門の話題を教え合うという技法。ジグソーは、「学生一人ひとりが、同じ授業を履修している仲間に、ある内容を教えられるまで完全に習得する責任感を育成することに役立ちます。また、それぞれの学生が注目される機会も与えます。（中略）授業になかなか積極的に参加していない学生でもリーダー的な役割を果たさなければなりません。この技法は、学生が同じクラスの中で複数の話題を同時に学んだり、教えたりすることで、学習をさらに広げ、深め、そして視野を広げる効率的な活動といえます。」（バークレイ・クロス・メジャー 2009）今回の授業実践では、専門家グループは、夕顔のグループ（4 人 ×2 チーム、以下同じ）・浮舟のグループ・紫の上のグループ・明石の君のグループ・藤壺のグループであり、ジグソーグループは、夕顔・浮舟・紫の上・明石の君・藤壺を各専門とする生徒が集まったグループ（5 人）である。

・古典の世界と現代を比較して、ものの見方・感じ方・考え方を豊かにする。

④三つの評価法の併用

・形成的評価[注5]

・総括的評価[注6]

・自己評価[注7]とグループ評価[注8]

個人の成績とグループ評価を、2対1程度の割合で評価する。

(4) アクティブ・ラーニングの効果

　授業のなかにアクティブ・ラーニングを取り入れる効果は大きく三つある。一つ目は、自主的・意欲的に授業に取り組む生徒が増大することである。実はアクティブ・ラーニングには、生徒がそれまでに身に付けた知識や理解の内容が大きく関係するのだが、その都度の課題は、考えてみよう、話し合ってみようという気にさせるものでなければならず、その結果生徒が個人やペア、グループで積極的に取り組みやすくなるからである。二つ目は、他者の考えを聞くことにより自己の考えが深化することである。自分1人の視点だけでなく、他者の様々な見方を知ることにより、賛成や反対、共感等を経て自分で更に深く考えることができる。三つ目は、自己・他者評価を通して、学ぶ内容や方法を生徒自らが理解できることである。毎時間の授業の目標と方法の理解、身に付いた力の確認は、生徒自身に学び方を学ばせることができる。

　また、アクティブ・ラーニングでは、生徒の考えの不足や明らかな間違い、発展的内容等に対してすぐに適切に対応できる教師の力量が試される。

　その時に答えられなくても次時以後に答えればよいので、生徒の素朴だが本質をついた質問に対して、教師も生徒の底知れぬ力に感心しつつ大いに楽しみながら、真摯に追究していくべきである。

　今回は、高校2年生（2クラス）を対象に、1時間のなかで、または、単元全体を通して、古典の読みを深める混合型の授業（一斉授業→アクティブ・

---

(5)　形成的評価の目的は、生徒がいかに学習できているかについての情報を教師と生徒に提供し、両者の向上を促すことである。

(6)　統括的評価の目的は、成績を判定するための資料に基づき、成績を判定することである。

(7)　形成的評価の場面で多く用いられ、生徒は、省察を通して自己の思考過程に気づき、自己調整学習のパターンを身に付けることができる。

(8)　形成的評価にも統括的評価にも用いられる総合評価の一つで、グループのメンバーによるグループ活動の評価。

ラーニング→一斉授業）とその効果、問題点について考察する。

2．混合型の授業（一斉授業とアクティブ・ラーニングの併用）

（1）対象学年・クラス
東京都立井草高等学校　2年F組（39名）・H組（39名）
（2）科目・使用教科書
古典B

『更級日記』「源氏の五十余巻」（第一学習社）

『源氏物語』「光る君誕生（桐壷）」「若紫（若紫）」（第一学習社）

『源氏物語』夕顔巻　若紫巻　賢木巻　須磨巻　明石巻　薄雲巻　若菜上
巻　御法巻　浮舟巻（小学館　新編日本古典文学全集『源氏物語』）
（3）授業期間
2017年6月中旬〜下旬
（4）単元名
『更級日記』における『源氏物語』の受容を探る
（5）単元の目標
①アクティブ・ラーニングの方法を知り、課題に関する資料を正確に読み、
　自己の意見を的確にまとめる。（読む能力・書く能力）

②自己の意見を論理的に発表し、他者の意見を正確に聞いて、自己の意見
　をより良いものにする。（話す・聞く能力）

③『更級日記』少女期の作者が『源氏物語』の夕顔や浮舟を理想の女性と
　した理由を理解する。（知識・理解）

168

（6）単元の評価規準

	ア 関心・意欲・態度	イ 話す・聞く能力	ウ 書く能力	エ 読む能力	オ 知識・理解
単元の評価規準	①古典を読み味わうことを通して、ものの見方、感じ方、考え方を広げたり深めたりしようとしている。 ②国語を通して、伝え合うことの楽しさや喜びを味わおうとしている。	①課題を解決したり考えを深めたりするために、表現方法を工夫して話し合っている。 ②目的や場に応じて効果的に話したり、的確に聞いたりしている。	①人物像の説明とその根拠等、表現方法を適切に考えて書いている。 ②優れた表現に接して、自分の表現に役立てるとともに、ものの見方、感じ方、考え方を豊かにしようとしている。	①古文に描かれた情景や登場人物の心情、人物像を表現に即して読み、味わっている。 ②文章の表現技法や語句の使い方に注意し、その効果を考えながら読んでいる。	①古語の意味や心情・情景の表現の特色を理解し、語彙を豊かに身に付けている。 ②古典文法を理解し、現代語訳に役立てている。
学習活動に即した具体的な評価規準	①活動に自主的・意欲的に取り組んでいる。 ②国語を通して伝え合う力を進んで高めようとしている。	①自分のグループ発表を円滑・効果的に行っている。 ②他のグループの発表を聞き、的確に評価をしている。	①女君の人物像が的確に相手に伝わるように、表現方法を工夫している。 ②『更級日記』少女期の作者が『源氏物語』の夕顔と浮舟を理想の女性とした理由について論理的に書くことができる。	①各女君の人物像とそのように考える理由について、『源氏物語』本文や様々な資料を読み、まとめている。 ②『更級日記』少女期の作者が『源氏物語』の夕顔と浮舟を理想の女性とした理由について考える。	①古語の意味や古典文法について理解し、知識を身に付ける。 ②平安貴族女性の物語受容について理解する。

（7）単元の指導計画と評価計画（11時間扱い）

	ねらい	学習内容・学習活動	具体的な評価規準
第1時	①『更級日記』と作者菅原孝標女についての理解を深める。②『源氏物語』に耽溺する少女期の作者の心情を読み取る。	導入：成立時代・作者の一族・ジャンル・書名の由来等を知る。【ICT】パワーポイント1「古典シリーズ」『更級日記』、パワーポイント2「何者（作者）シリーズ」〈菅原孝標女〉 展開：夢中になっている様子を表す語句や助動詞に注意しながら「源氏五十余巻」を読み、作者の心情を考える。 まとめ：作者は、なぜ夕顔や浮舟を理想とするのかを考えて書く。 ＊シンク・ペア・シェア	『更級日記』とその作者について理解を深めている。 『源氏物語』に耽溺する少女期の作者の心情を読み味わっている。
第2時	①『源氏物語』と作者紫式部についての理解を深める。②夕顔の人物像を読み取る。	導入：成立時代・作者の一族・ジャンル・書名の由来等を知る。【ICT】10min.ボックス古文・漢文［国語中・高］NHKforSchool『源氏物語』、パワーポイント2「何者（作者）シリーズ」〈紫式部〉 展開：夕顔巻を読み、夕顔の人物像について考えて書く。 ＊シンク・ペア・シェア まとめ：各個人発表を通して、夕顔の人物像をまとめる。	『源氏物語』とその作者について理解を深めている。 夕顔巻から読み取ることのできる夕顔の人物像について自分の意見をもつ。
第3時	①浮舟の人物像を読み取る。	導入：浮舟の人物相関図を見る。 展開：浮舟巻を読み、浮舟の人物像について考えて書く。 ＊シンク・ペア・シェア まとめ：各個人発表を通して、浮舟の人物像をまとめる。	浮舟巻から読み取ることのできる浮舟の人物像について自分の意見をもつ。
第4時	①源氏の生い立ちを知る。	導入：源氏の人物相関図を見る。 展開：「光る君誕生（桐壺）」を読み、源氏誕生までの桐壺帝や桐壺更衣、後宮の様子について理解する。 まとめ：平安期の身分制社会の悲劇を知る。	源氏誕生までの桐壺帝や桐壺更衣、後宮の様子について理解しようとしている。
第5時	①紫の上の人物像を読み取る。	導入：紫の上の人物相関図を見る。 展開：「若紫（若紫）」・若菜上巻・御法巻を読み、紫の上の人物像について考えて書く。 ＊シンク・ペア・シェア まとめ：各個人発表を通して、紫の上の人物像をまとめる。	若紫巻・若菜上巻・御法巻から読み取ることのできる紫の上の人物像について自分の意見をもつ。
第6時	①明石の君の人物像を読み取る。	導入：明石の君の人物相関図を見る。 展開：明石巻・薄雲巻を読み、明石の君の人物像について考えて書く。 ＊シンク・ペア・シェア まとめ：各個人発表を通して、明石の君の人物像をまとめる。	明石巻・薄雲巻から読み取ることのできる明石の君の人物像について自分の意見をもつ。

	ねらい	学習内容・学習活動	具体的な評価基準
第7時	①藤壺の人物像を読み取る。	導入：藤壺の人物相関図を見る。 展開：若紫巻・須磨巻・薄雲巻を読み、藤壺の人物像について考えて書く。 ＊シンク・ペア・シェア まとめ：各個人発表を通して、藤壺の人物像をまとめる。	若紫巻・須磨巻・薄雲巻から読み取ることのできる藤壺の人物像について自分の意見をもつ。
第8時	①調べ学習の方法を理解する。 ②選んだ女君の人物像について考えてまとめる。	導入：＊ジグソー・グループ（5人）で『源氏物語』の5人の女君（夕顔、浮舟、紫の上、明石の君、藤壺）のなかから誰を調べるかを話し合って決める。調べ学習の方法を知る。 展開：学校図書館やPC室で選んだ女君の人物像を調べる。 まとめ：調べ学習に使用した参考資料に注意する。	調べ学習の方法を理解している。 学校図書館やPC室等で、自主的・意欲的に調べ、まとめることができる。
第9時	①調べ学習の結果の発表を通して、各女君の人物像についての理解を深める。	導入：発表内容（人物像とそのように考える理由）について知る。 展開：＊専門家グループ（4人×2チーム）で、選んだ女君の人物像とそのように考える理由について、各自発表する。話し合いながら、更に考えを深めてより詳しくまとめる。 まとめ：各グループの報告係が、各女君の人物像とそのように考える理由を全体に発表する。 まとめ：5人の女君の人物像をまとめる。	女君の人物像とそのように考える理由を発表できる。 話し合いながら更に考えを深めることができる。 他者の意見を参考に自己のものの見方、感じ方、考え方を広げている。
第10時	①発表方法と評価方法を理解する。 ②より理解の深まった女君の人物像を、より分かりやすく発表する。	導入：ジグソー・グループで、発表は1人5分間、司会とタイムキーパーを交代で行う。評価は話し方・内容（各5点満点で）・新たな発見（短文）の3点で行う。 展開：評価方法を理解した上で各自選んだ女君について発表をする。 まとめ：発表を聞いて各女君について理解を深めたうえで、『更級日記』作者の理想が夕顔や浮舟である理由を考えて書く。	発表方法・評価方法を理解している。 女君の人物像を分かりやすく発表している。 理由について考え書くことができる。
第11時	①『更級日記』少女期の作者の思想や感情を通して、自己のものの見方、感じ方、考え方を広げ豊かにする。	導入：ジグソー・グループで、司会・タイムキーパー・記録1（紙）・記録2（ホワイトボード）・リーダー（発表）の役割分担をする。 展開：『更級日記』作者の理想が『源氏物語』の夕顔や浮舟である理由とその根拠について、各グループで考え話し合う。各グループのリーダーが理由とその根拠をホワイトボードを使って全体に発表する。 ＊コラボラティブ・ライティング（注9） まとめ：『更級日記』から分かる平安貴族女性の物語受容について知る。	協力して役割分担ができる。 『更級日記』作者の理想が『源氏物語』の夕顔や浮舟である理想とその根拠を、グループで協力して話し合うことができる。 他グループの意見を参考に、自己のものの見方、感じ方、考え方を広げることができる。 平安貴族女性の物語受容について理解する。

(9) 2人または3人の学生が協力して一つの原稿を書き上げる技法。「一緒に作業することで、学生たちは文章の作成過程をより効率的に学ぶことができます。」（バークレイ・クロス・メジャー 2009）今回の授業実践では、長い文章作成ではないが、理由とその根拠をまとめる短文で活用した。

3．使用した AL の技法とその効果
（一斉授業→アクティブ・ラーニング→一斉授業の各読解の深化）

（1）各女君の人物像理解について（詳細は省略）
　一斉授業後、生徒は、人物相関図・略歴・本文・漫画等を参考に箇条書きでまとめる。積極的に授業に取り組む生徒は人物像の本質に迫るようなものが多かったが、消極的な生徒は情報量が多すぎるせいか、まとめることが難しかった。

(2)『更級日記』作者の理想が『源氏物語』の夕顔や浮舟である理由とその根拠について
　一斉授業後（「源氏の五十余巻」読後の想像）〈個人の意見〉

1．外見
・光源氏のような人に愛された夕顔のように美しい外見になりたかったから。・美しいから（2名）。・夕顔や浮舟は、髪の毛も長く、容姿も美しかったから、理想だったのだと思う。・「夕顔」や「浮舟」の顔が美人だと言われたから。・夕方だけ花を咲かせる夕顔のように、一時だけ美しいところを見られるのがいいから。・どちらも光源氏や薫に愛されたことがあり、美しかったのだと思うが、作者は、自分の顔立ちに自信がない。・容貌も美しく、髪が長いから。・優しいから。・儚く美しいから。

2．内面
・凄く一途な人だと思ったから。・美人で執着心が強い人が好きだったから。・読んでいて、好きになるような性格の人だから。・出家したいという気持ちもあったから。

3．『源氏物語』が好きだから。
・『源氏物語』が好きだから（4名）。・大好きな『源氏物語』の登場人物で、その人物も好きだから。・物語により深く入り込みたいから。・『源氏物語』が好きで、中でも光源氏と宇治の大将が好きで、その二人の嫁である二人が

羨ましかったから。・『源氏物語』での描写が、この時代の理想のままだったから。

4．貴公子との恋愛

・光源氏のようなすごい歌を詠む人に愛されれば、間近で歌を詠むところなどが見られるから。・「夕顔」や「浮舟」の立場になりたいから。・光源氏や薫に愛されたいから。・自分も誰かに愛されるような人間になりたかったから。・二人とも誰かに愛されているから。

5．悲劇のヒロインになりたかったから。／物語のようにドラマチックな、はかない人生を送りたかったから。

・自分は『源氏』を呼んだことがないので、完全な想像になるけれども、教科書の下を見ると、二人とも死んだり出家したりと、どちらかと言えば悲しい結末だから、作者はそういう悲しさやはかなさに憧れていたのかなと思う。・「夕顔巻」と「浮舟巻」に出てくる女性は、どちらとも不幸な女性になるから。・不幸な人が好き。・愛されるが、その先に不幸が待っているから。・二人とも最後にはいなくなってしまうから。

　アクティブ・ラーニング後は、各女君の人物像理解が全体的に深まった。これは、まず、自身で詳細に調べたうえに専門家グループでより広く深く理解したためである。次に、そうやって広く深く理解した人物像を、ジグソーグループで発表したので、他の女君についても、全体的な理解がより深まったためであると考える。

　アクティブ・ラーニング後〈グループの意見〉

1．外見

・美しいから（二つの班）。・上品で髪が長く切りそろえられており、美しい女性であったため。

2．外見と内面

・穏やかで朗らかな性格で、容姿も美しかったため。非常に教養があり、容

姿もよく、完璧に近いこと。

3．内面

・二人は、心が広く優しくて謙虚で、守ってあげたくなるような女性だったから。

4．貴公子との恋愛

・二人とも愛されていたから。夕顔は源氏に愛されていた（二つの班）。

・浮舟は二人（薫と匂宮）に愛されていた。・光源氏との淡い恋に憧れたため。・モテたかった。夕顔や浮舟のような人になりたかったから。

5．ドラマチックで自由な恋愛

・影のある女性を好む。悲劇的な人生。儚くてキレイ。（二人の男性から愛された）→うらやましい。・作者自身が「夕顔」や「浮舟」のような自由な恋愛に憧れたから。・「身分の高い人に愛される」や「ぶっとんだきらびやかな恋」に憧れたから。

6．人生・生き方

・苦難に立ち向かった二人（夕顔と浮舟）に憧れた。・夕顔…か弱い、積極的、個性的で小悪魔。浮舟…多くの人に愛される。共通点…身分にとらわれず恋に落ちた。・〈憧れた理由〉（夕顔や浮舟が）悲劇的な人生を送っていたため。〈そのように考える根拠〉自分（菅原孝標女）が幸せだったから。・「夕顔」…儚いながら可憐で朗らかな性格。→死に際が儚かったから。「浮舟」…とびぬけて美しい。死を覚悟する潔さ。→二人の板挟みにあい、自殺を決意したから。

7．作者（菅原孝標女）の年齢

・夕顔や浮舟のような儚い女性が、十代前半の女子の理想に近かったから。

一斉授業（発表を聞いて）〈個人の意見〉

理由	その根拠
1. 内面	
・人柄にもほれたということが分かった。	・夕顔と浮舟の両方の性格の良さを発表で知ることができたから。
・二人の女性は心が広く、優しかったので、守ってあげたくなったから。	・二人の女性がとてもいい人だったから。
・心の広い、謙虚な女性。	・作者自身が自由な恋愛に憧れたから。
・教養のある女性。意志決定ができる。	・最終的には、きちんと自分のことについて決められたから。
2. ドラマチックで自由な恋愛	
・身分を考えた恋や政略結婚ではない、普遍的ではない恋愛をしたかったから。	・文中にある人の心理や恋愛、美意識に対する深い洞察や情趣から。作者の身分は中流であり、天皇家の血筋の者との政略結婚だったかもしれないから。
・悲劇的な恋に憧れたから。	・二人とも死んだり、死を選んだりしてしまうから。
・夕顔や浮舟のように少し影のあるはかない恋に憧れたから。	・夕顔や浮舟が魅力的で、普通じゃない恋をしていたから。
・中流貴族だった「夕顔」「浮舟」に自分を重ねた。	・自分もそういった素敵なラブストーリが味わえる感じがするから。
3. 人生・生き方	
・悲劇的な人生ながらもそれに立ち向かう姿に憧れたから。	・夕顔も浮舟も美しく、愛されていたから。
・二人の苦難に立ち向かう生き様に憧れたから。二人の美しさに憧れたから。	・対極的な二人の共通点はそこしかないと思った。作中でとても美しく描かれているから。
・かわいく、美しく、生き方もかっこよかったから。	・本文に書いてあることだから。
・美しく勇気があり、人としてもできているから。	・死をも恐れない潔さがあるから。
・悲劇的な最期が描写されていることが作者の心を動かした。身分が普通でも光源氏たちに愛されていた二人の性格が良かった。	・発表を聞いて、作者の心の奥の好みを知ることができたから。
4. 中流貴族女性の憧れ	
・二人とも悲劇的な最期を迎えていることから分かるように、影のある女性だから憧れたのではないか。紫の上や藤壺のような王道を選ばなかったのは、夕顔たちの方が身分的に親近感を覚えたからかもしれない。	・呪殺、自殺未遂と悲劇的な最期である。同じ中流貴族だったから。
・藤壺などよりは親近感のある理想の女性だったから。少し刺激的な生活に憧れたから。	・夕顔や浮舟は藤壺などに比べれば身近な立場だが、光源氏たちと熱い恋をしたから。

理由	その根拠
・身分が中流なのに、源氏たちに愛された美しい女性だから。	・夕顔も浮舟も身分は作者と同じ中流であり、それなのに源氏たちに愛されたことで、自分もそうなりたいという思いが込められている。
・（作者と）身分が近く、また（二人は）美しく、愛されていたため、私もこうなりたいと思ったから。	・身分が中流であり、二人とも大変な恋愛をしていたから。
・自分と同じ中流ぐらいの身分だったから。	・自分にもこのようなドラマチックなことが起きるかもしれないから。
・親しみやすい、憧れ。	・夕顔も浮舟も中流で人々の間に親しみやすい憧れをもたれたのではないかと思った。
・作者も中流貴族で同じような感じにも関わらず、夕顔や浮舟は自分のしたいような恋をしていたから。	
5.　田舎で育った女性の憧れ ・上京してきて、京都での未知の生活に憧れを抱いていたから。	・これまで調べてきた二人の人物像や人間心理、恋愛模様が、貴族に評判だった上に、作者が田舎の出身であったため。
・田舎暮らしの作者は『源氏物語』を読んで、都会の美しい女性の恋物語に憧れをもった。	・田舎という何もない所でずっと都会に憧れをもって、更に、素敵で刺激的な恋物語に憧れた。
・美しく、また、光源氏という超一流貴族と恋愛をしたり、二人の男性から愛されたりしたなど、自分が体験したことのないような恋愛をしているから。しかも、二人とも元々は身分が高くなかったのに！	・作者自身が田舎者だったというのもあり、都会で繰り広げられる自分にとって未知の世界に憧れた。

　一斉授業で『更級日記』とその脚注を読んだだけで（『源氏物語』を読まなくて）も、作者の『源氏物語』への耽溺ぶりを読み取っている生徒が多数いる。また、美人の髪の長さや作者晩年の出家願望、夕顔や浮舟の悲劇的人生に触れている生徒も少数いる。少女時代の作者と同年代であり、テーマが恋愛だったためか、理由を自由に想像しやすかったのではないかと思われる。

　アクティブ・ラーニング（調べ学習やジグソー）後は、夕顔や浮舟の各人物像だけではなく、それぞれの人生・生き方に触れる班が多くなった。身分差に言及している班も見られ、生徒が時代に合わせて考えていることが分かる。また、理由の根拠についてもより具体的に考えられるようになった。

　最後の一斉授業後の個人の意見を見ると、理由とその根拠について、夕顔

や浮舟の内面の美しさや人生・生き方に触れる生徒、身分や作者の育った環境に注目した生徒が多くなった。調べ学習とジグソー（専門家グループ・ジグソーグループでの各協議・発表）、全体での発表を通して、本文に即した読みがより深まっていることが分かる。

　特筆すべきは、一斉授業では消極的な生徒の意見のなかに光るものが多かったということだ。その理由として、協議中の観察によると、少人数のグループでの協議を通して、本文に即して深く読む等知識・理解の優れている生徒から分かりやすく説明してもらい、その生徒も意欲的に読み考察し、自信をもって発表し、意見を書くことができたのではないかと考える。

　また、普段消極的な生徒らが内容を理解し自身の現代の感覚で読んでいるのに比べて、元々一斉授業に積極的な生徒らは、紫の上や藤壺との身分的差異や平安貴族の『源氏物語』受容、作者の環境の変化にも言及しており、平安時代の見方を考えたうえで読んでいると言える。

　以上から、混合型の授業（一斉授業→アクティブ・ラーニング→一斉授業）は、全体的には生徒の授業に取り組む意欲を高め、生徒の力に応じてより広く深い読解をするために有効である。

（3）生徒の自己評価

①調べ学習に積極的に取り組むことができたか。
　　できた80.8%　　　まあまあ19.1%　　　　できなかった0%
②女君チーム（各女君別）での話し合いに積極的に取り組むことができたか。
　　できた77.9%　　　まあまあ22.1%　　　　できなかった0%
③発表用原稿に積極的に取り組むことができたか。
　　できた75.0%　　　まあまあ23.5%　　　　できなかった1.5%
④発表を聞く時に積極的に取り組むことができたか。
　　できた83.8%　　　まあまあ16.2%　　　　できなかった0%
⑤理由協議チーム（各女君の専門家グループ）での話し合いに積極的に取り組むことができたか。

　　できた 82.4%　　　　　まあまあ 17.6%　　　　　できなかった 0%
⑥理由とその根拠について深く考えることができたか。
　　できた 76.5%　　　　　まあまあ 23.5%　　　　　できなかった 0%

【「できた」生徒】
《努力した点》
読むこと・書くこと
　・調べ学習を真面目にやれて良かった（一人の女性を調べるために様々な
　　資料を見つけた。夕顔について詳しく調べられた。紫の上の人物像を考
　　察した。藤壺を担当してかなり詳しく情報を集め挑めた。夕顔、浮舟を
　　別々に詳しく分析できた）。
　・五人で発表する時は、みんなに分かりやすく原稿を書くことができた（皆
　　に伝わりやすいようにまとめた）。
　・ホワイトボードに工夫を凝らした。赤や青色のペンで見所をマークした。
　　箇条書きにせず、より分かりやすい構造にした。
話すこと・聞くこと
　・作者の気持ちと読者の気持ちを考えながら話し合うことができた（考え
　　る時は、みんなで話し合ってできた）。
　・発表を聞く時も、しっかり質疑応答をすることができた（班員の意見を
　　しっかり聞くことができた。班員とお互い意見交換がちゃんとできた）。
《改善点》
読むこと・書くこと
　・話し合いで知らなかったことが出てきたので、調べが足りなかった（調
　　べ学習でもっと深くまで追究したかった。同じ女君の話を聞くともっと
　　新しいことを知ったので、もう少し自分で調べれば良かった。調べ学習
　　で、発表する時にいかに「へぇー」と思ってもらえるように書けるか）。
　・インターネットで調べた時に、難しい言葉が出てきたので、自分の言葉
　　でまとめればもっと良かった（インターネットだけではなく、本なども

参考にして書けば良かった）。

- テスト前だったので、夕顔についてなかなか調べられなかった。
- 作者が憧れた理由をあまり深く考えられなかったので、もっと色んな視点から考えるべきだった（理由をもっと詳しく考えられると良かった。また、略歴なども活用すべきだった。作者の生い立ちについても考えれば良かった）。

話すこと・聞くこと

- 興味をもって調べられたが、発表がいい加減になった（発表が伝わりにくかったかも…もう少し大きな声ではっきりと言えば良かった。自分の意見をもっと言えば良かった。もう少し深く調べれば、もっと面白い意見を出せたかもしれない）。
- 話し合いどころか、他の人が調べてなかったから、意見交換ができなかった。

《感想・意見》

調べ学習

- 授業の初めに学習した各女君と、自分で調べた後では印象が変わった。源氏との恋の話だと思っていたが、女同士の恋の恨みなどかわいそうな最期で、様々なんだと分かった。・五人の女性についてよく調べ、理解を深めることができた。・調べれば調べるほど面白かった。

ジグソー法

- 自分が調べ、他の人の発表を聞いたことで、各人物のことが深く分かって良かった。
- 色々な見方があって面白かった。・色んな人の意見を聞いて、自分が考えてまとめた言葉とは違う見方で考えている人がいたので面白かった。
- これまで五人について全然知らなかったけれども、みんなで調べて発表し合うのは、楽しく理解することができていいと思った。五人について、かなり理解度が増した。

『源氏物語』と女君

・平安時代の様々な女君を見て、複雑な心境と共に行動していく人たちが、とても切なく思えた。
・『源氏物語』は素晴らしい女性がいっぱい出てきてよいお話だと思った。源氏の愛した女君たちの性格はそれぞれ違う特徴があって面白いと思った。
・『源氏物語』についてちゃんと触れたのは初めてだったので、もっと知りたくなった。『源氏物語』を読んだことがなかったので、今日深く読むことができて良かった。

『源氏物語』と菅原孝標女
・（女君が）様々な身分で、とても自分（菅原孝標女）に照らし合わせやすかったんだと思った。
・夕顔と浮舟にあこがれた理由が分かって良かった。
・『源氏物語』を詳しく見ていくうちに、菅原孝標女が女君たちに憧れたのが、少し分かった気がした。

『源氏物語』の受容
・『源氏物語』が世の中にものすごく影響を与えていたのだなと感じた。

現代に通じる心情
・『源氏物語』の今とは違う恋愛模様でも、逆に今と同じような人間心理であることが面白いと思った。・どの時代にも、人の心に衝撃を与える憧れというものがあることが分かった。

アクティブ・ラーニング
・１年の頃こういう授業がなかったので、楽しかった。
・授業全体を通して、この時代に何があったのか、色々分かって良かった。
・深く知れば知るほど、面白いものだと思った。
・このような機会のおかげで、作品をより深く知ることができ、様々な意見を聞けてとても良かった。
・話し合いは良いと思ったので、自分の考えを広げるためにも、今後できればいいと思った。

- 班員の皆と役割分担して調べ、最後に意見を交えて発表することにより、他者の意見もきちんと聞くことができ、『更級日記』に対する関心がより高まった。
- この学習を通して女君のことについて全く分からなかったことが分かるようになった。
- 自分で考えていたのでは思いつかなかったことを、みんなの意見で聞けて良かった。新しい発見が多かった。
- 自分の担当していなかった女性について知ることができて良かった。グループ発表もクラス発表も、順調に進めたのが良かった。
- 調べる量が多かったので、パソコンや本を活用する時間がもっとほしかった。

【「まあまあ」の生徒】
《努力した点》
話すこと・聞くこと
- 司会。
《改善点》
読むこと・書くこと
- 簡単な漫画だけではなく、作品を読めばもっと詳しく知ることができた。
- もう少し積極的に参加すれば良かった。意欲的にやるべきだった。
- もう少し出てきた女性たちを調べておくべきだった（途中で頭の中がぐちゃぐちゃになった）。
- もっと時間をかけて調べることができたら、もっと詳しく知ることができたと思う。
- もっと詳しく身分や、どの人がどのように死んだのかも調べておけば良かった。
話すこと・聞くこと
- もっとみんなに意見を出してもらいたかった。

《感想・意見》

古文の読解
  ・古文の内容から理由を探すのが、とても難しかった。

『源氏物語』と女君
  ・源氏の女君について色々なことを知ることができて面白かった。『源氏物語』を読んでみたいと思った。・女君が出てきてその特徴を知るのが面白かった。でも、少し難しかった。・源氏の恋人の特徴を知ることができて良かった。

現代との共通点・相違点
  ・昔もこんなドラマがあったんだなあと思った。
  ・昔の人とは考え方が違う。

アクティブ・ラーニング
  ・グループで取り組むのも新鮮で良かった。
  ・友人と直に意見を交換できて楽しかった。
  ・どの班も深く考えられていて、良い発表だったと思う。
  ・普段の授業より覚えやすかったので、こういう授業を増やしてほしい。

【「できなかった」生徒】

《改善点》

読むこと・書くこと
  ・発表前の原稿作成ができなかった。

《感想・意見》

古文の読解
  ・古文の内容理解をより深めるには、人物について詳しく知ることも大切だと思った。

　生徒の自己評価では、全体的に意欲的・主体的に取り組んだ生徒が多かった。

努力した点・改善点・感想や意見では、全体的には、他者の意見を聞くことで自己の見方・感じ方・考え方が広がること、学習に積極的に取り組む面白さに、生徒自身が気づいたことである。授業に消極的な生徒も、他者の発表から学ぶことがたくさんあった。また、課題解決のために、協力して話し合いを進めていく楽しさも実感できたようである。

「できた」生徒（積極的に取り組んだ生徒）のなかには、ネットだけではなく本等様々な資料を使ってかなり詳しく調べ、かつ、皆に分かりやすいように文章を構成している生徒が複数いた。その結果、それを聞いた生徒たちが、もっと詳しく調べればよかった、本なども参考にすればよかった、難しい言葉を調べて自分の言葉に直せばよかったと反省しながら人物像理解を深めている様子が分かる。そうやって得た多様な知識理解を基に、班の皆が積極的に質疑応答・意見交換をすることができ、発表内容や形式（ホワイトボード上の表現）の工夫につながった。また、各班での発表の聞き比べにより、多様な視点や根拠への気づき、協議や発表内容・形式の深まりの不足への反省も見られた。一方、アクティブ・ラーニングという方法が定着するまでは、教師が時期や調べ学習にかける時間、宿題チェックにも心を配らないと、生徒の発表や協議に支障をきたすこともよく分かった。生徒は、調べ学習の面白さやジグソー法の効果を十分に理解したうえで、『源氏物語』の女君や菅原孝標女らの『源氏物語』受容、現代に通じる心情などを幅広く考えることができた。

一方、「まあまあ」の生徒は、調べ学習の不足や古文の内容から理由を考える難しさにより、協議が盛り上がらなかったと見られる。しかし、アクティブ・ラーニングによる理解の深まりは実感しており、『源氏物語』の女君や現代との相違点に注目することはできた。また、「できなかった」生徒は、まず、調べ学習でつまずいている。しかし、登場人物を知ると、古文の内容理解が進むことには気づいている。

アクティブ・ラーニングでは、何を調べるか、何を協議するかなど、生徒が興味・関心をもち、かつ、国語力を伸ばすことのできるテーマ設定が重要

であるということはよく言われている。そのうえで、私は、授業に消極的な
生徒を陰でいかに支えるか、を挙げたい。これは何もアクティブ・ラーニン
グに限ったことではないが、調べ学習ができない生徒と放課後 PC 室や図書
館で一緒に調べる、協議がうまくいっていない班全員と放課後一緒に協議す
るなどの一手間をかけていきたい。うまくいっていない生徒やグループの原
因を素早く見抜き、適切な対応をして、生徒の目を輝かせる、これが教師の
醍醐味である。原因は、すぐには分からなくても、生徒と一緒に過ごしてい
くうちに見えてくることがたくさんある。色々考えて対応をしても、うまく
いく時もあれば、駄目な時もある。ベテランになったが故に逆に気づかない
こともある。授業の失敗は教師のせいだが、授業の成功はこちらの熱意だけ
にほだされた生徒のせいであり、今回のアクティブ・ラーニングは成功も失
敗も半々だと考える。

4．おわりに

　課題に対して、まず、一斉授業で 1 ～ 2 人で考えてみる。次に、アクティブ・
ラーニングで自己の意見と他者の意見を比較して理解を深める。最後に、一
斉授業で 1 人で考える。この繰り返しにより読みが深まり、思考力・判断力・
表現力を確実に高めることができる。一方、アクティブ・ラーニングでは、
教師の力量が試される。生徒一人一人の力に応じてその場で適切な助言をす
るのが一番良いからだ。今回の授業の最大の問題点は、アクティブ・ラーニ
ングを生かした考査問題を作ることができなかったことである。今後も大い
に精進していきたい。

【参考文献】
　溝上 2014　溝上慎一『アクティブラーニングと教授学習パラダイムの転換』（東

184

信堂　2014.9)

バークレイ・クロス・メジャー 2009　エリザベス＝バークレイ・パトリシア＝クロス・クレア＝メジャー著　安永悟監訳『協同学習の技法』(ナカニシヤ出版　2009.9)

ペアワークを用いた古文の読解

——新旧の学習指導要領のあいだを繋ぐ授業改善の試み——

奥田　和広

高校 2 年　『大鏡』花山天皇の出家
AL 技法：ペアワーク　ゆるやかなグループワーク

【要旨】
　ごく「普通」の公立高校（中堅校）の古典 B の授業において、次期学習指導要領で目指されている**主体的・対話的で深い学び**と、その実現に向けての**AL の視点を取り入れた授業改善**を試みる。新旧の学習指導要領を繋ぐために、まず、これまでの授業実践のなかで構築してきた**ペアワーク**を取り入れた授業スタイルを提示し、それを次期学習指導要領で求められている「改善」の視点から検討する。

1.　はじめに

　学習指導要領の改訂に伴いにわかに注目を集める AL について、すでに世の中には理論書や実践例が多く出されているが、当然のことながら現場の教員が必要としているのは AL そのものではない。現場の教員が求めているのは、生徒の学びをよりよくするためにどう AL が利用できるか、AL が利用できるなら利用しつつ、これまでのやり方と接合して、いかに授業を改善していくかという点にあると思われる。

　そもそも、現行の学習指導要領（H21 年版）に準拠した「言語活動」も AL の要素を多分に含んでいた。また、AL を標榜してはいないが「主体的・対話的で深い学び」はそれぞれの教員において模索されてきたはずである。現行の学習指導要領に基づいて試行錯誤しつつ構築してきたこの実践報告もそのような取り組みの一つである。取り立てて目新しいことを行っている実践例ではないが、現行指導要領と次期学習指導要領とのあいだをいかに繋ぐかという現場の試みの一つとして提示したい。

　古文の読解の授業において、担当箇所を板書させるという活動はおそらく多くの教師が行っている。今回はそこにペアでの活動を持ち込むことで対話的活動となることや、1 人で担当するよりも心理的ハードルが下がること、学び合うことで分からないまま放置される生徒が減ることを期待した。

2. 基礎情報

　科目・教材　古典 B　東京書籍『精選古典 B』物語 2（大鏡・花山天皇の出家）
　学習者　高校 2 年生（文系）
　学習時期　2 学期（9 月）
　学習時数　5 時間

3. 学習指導要領（H21 年版）に即した目標

　古典 B・2 内容（1）
　　ア　古典に用いられている語句の意味、用法及び文の構造を理解すること。
　　イ　古典を読んで、内容を構成や展開に即して的確にとらえること。
　　ウ　古典を読んで、人間、社会、自然などに対する思想や感情を的確に

とらえ、ものの見方、感じ方、考え方を豊かにすること。

4．教材に即した具体的な目標

・語られている登場人物の言動や人物像を読みとり、人間の織りなすドラマを読みとる。（読む能力）
・歴史を語る言説にふれ、語られている内容や語る行為そのものについて意識的に読むことができる。（読む能力）
・文章中の語彙の読みや意味を判断し、助動詞一覧表から意味・用法を判断できることを定着させる（知識・理解）
・活用表、文法テキスト、辞書を使い古文の長文を読むことができる。（資料・道具の活用）

5．生徒の学習状況・教材の位置づけ・目論見

　勤務校は部活動が盛んで、まじめで活発な生徒が多く、授業中に指示されたことには誠実に取り組もうとするが、家庭での学習時間は少なく、学習との両立が出来ていると考えている生徒は少ないという現状がある。学校としても授業者自身としても家庭学習の大切さを説き、予習・復習を求めてはいるが、それを前提とした授業は困難であり、大部分の生徒を置き去りにしないためには、授業時間内で初めて当該の文章を読み、辞書等で語句を調べ、文法事項を考え、意味や内容を確認する、といった基礎作業から学習できるように組み立てざるを得ない。
　また、生徒は古文や古典文法についての苦手意識が強く、受験に古文を用いるつもりの生徒（受験で古文が出題される大学を受験するつもりの生徒）は２学年の２学期でクラスの半数程度で、実際に受験時に用いる生徒は例

年クラスで 10 人程度まで減ると想定される。

　このような状況のなかで、1 年間ないしは生徒によっては 2 年間、少しずつ改善しながら今のスタイルを作り上げてきた。ペアでの音読から始まり、授業時間内にペアで語句の意味や文法事項を調べ、担当箇所の訳と文法事項の説明を黒板に書き、そのうえで授業者が解説しつつ読むことを改善しつつ積み重ねてきた。ペアで行うことを除けば、一般的に広く見られる授業スタイルだといえる。ペアで行うのは、1 人で行うよりも相談ができることで心理的なハードルが下がり、調べることや古文を読む基礎的なスキルを身につけやすいと考えたからである。その結果、古典の文章を音読すること、辞書や単語帳、文法のテキスト等を用いて調べながら読むことへの抵抗感はかなり減ってきていると感じている。

　その一方で、いくら部分部分の意味や内容を理解しても、それが文章全体の理解へとうまく繋がっていかない、話の全体を把握できない生徒が多くいることを感じていた。授業時間外に予習・復習が出来ていない生徒が多く、自分で情報を統合・整理する時間が確保できていないことを考えると、それは当然の状況だろうと思われた。そこで今回は、生徒が自分で内容をまとめる学習・活動を取り入れてみることにした。いくら授業者の解説を聞いても、結局は自分でまとめることを行わなければ話の内容は分からないままであり、また、古文が読めるようにもならない。授業内でそこまでする必要があるか、それは学習者の各自の責任ではないかという思いもあったが、古文を読むことの魅力が分かるためには授業内にそういう時間も必要だろうと判断した。

　なお、助動詞については、2 学年 1 学期まで一覧表を定期考査でも掲載することを宣言し、まずは一覧表が使えるようになることを目標にやってきた。助動詞一覧表（を含む古典文法のテキスト）と古語辞典（もしくは古文の単語帳）という道具があれば、何とか解釈ができることを目指してきた。勉強が得意とはいえない生徒が多く、まず覚え、それを利用しつつ考えることが苦手な生徒が多いため、道具の使い方を身につけ、それを使いながら古文を

読めるようになることを目標に、授業の内容を組み立ててきた。また、2学期の考査から助動詞の一覧表を付けないことを夏休み前に宣言してあり、生徒はそのつもりで授業中に習得しようという意識がある。

　また、古典の歴史物語を読むことは今回の『大鏡』が初めてである。「花山天皇の出家」の直前に、「雲林院の菩提講」「道真の左遷」を学習し、作品における語りの場の設定や語り手について、また語り手が登場人物の菅原道真に寄り添って語る様子などを学習している。語られている内容をまずきちんと読み取り、断片的な現代語訳にとどまらず全体のなかで理解するとともに、歴史物語としての語りの態度にも注目させることを目標として設定した。

6．授業の流れ

（1）本文の読解および解説（4時間）

　読解のポイントとなる箇所を虫食いにした現代語訳と本文の対応箇所を示したワークシート（資料1・2）を配付し、空欄箇所を全ペアに割り振る。ペアで品詞分解・文法事項・敬語の解説と訳を相談して考えて黒板に書く。毎時間ごと空欄10個程度、ペア10組程度の進度を予定し、生徒の板書と教員の解説によって本文の読解を行う。

①ペア音読（5分）

　毎時授業の開始に、基礎トレーニングとしてペアで本文の音読を行う。古文の言葉遣いに慣れること、語句の読みの確認を行うこと、前時までの内容を確認することなどを目標としている。音読の間に黒板に本時の該当空欄番号を書いておく。

②ペアワーク＆担当者の板書（15分）

　担当ペアで板書を行う。担当ペア以外は各自の予習や復習の時間とする。文法事項の学習や辞書の引き方・読み方など、周囲と相談しつつ、少なくとも本時の学習範囲をこの時間に完成させる。そうしておかねば授業のスピー

ドについて行けない程度に進むため、この時間に各自で調べ、学び合い、できるだけ理解をしておかねばならない。

③解説・質疑応答（25分）

　授業者が板書について質疑応答、確認、解説を行う。文法事項や訳について、なぜその解説となったか、テキストや辞書をどう使ったかなど、注意すべきポイントを確認しつつ、文法事項と古典常識と読解内容との確認を行う。

④各自復習、次時の予習（5分）

　本時の内容を復習し、次時の予習を行う。

（2）まとめの学習活動（1時間）

　ワークシート（資料3）を配付して、登場人物と語り手について、特徴や物語を理解するうえで必要な情報を書き出してまとめる学習活動を行う。最初に個人で取り組み、その後で列ごとに相談を行いながら担当箇所の板書を行い（ゆるやかなグループ活動と化す）、最後に授業者が板書されたことについて補足やまとめを行う。

①個人で考える（10分）

　ワークシートを配布し、本文を読み直し、個人で考える。

②列で相談して板書する（20分）

　机の列ごとに担当する登場人物（「この列は花山天皇」など）を指定し、列の生徒で相談しながら、前からリレー形式で1人一つ以上必要な情報を考えて板書する。この物語を読むときに何が有益な情報かを考えて板書するよう指示する。

③教員の解説・コメント・補足（15分）

　板書を見ながら補足や質疑応答、コメントを付けていく。生徒はそれを聴きながらワークシートの訂正や補足をする。黒板に書かれていることの正確さや疑問等を確認しつつ、物語の全体像を確認する。

④個人のまとめ・コメントの記入（5分）

　本文・ワークシートを読み直し、考えたことをまとめる。

7. 授業を終えて振り返り・改善の試み・その後の授業

(1) ペアワークについて

　ペアワークを導入することによって、個人で割り当てるよりも調べ方そのものを学ぶ機会は増え、基本的な事柄が定着し、分からないまま放置する生徒が減少したように感じられた。また、教室のあちこちで相談し合っているので、苦手でも教えてもらえる安心感があり、心理的なハードルが下がるというメリットも感じられた。

　今後の検討課題としてはまず、古文を読み進める速度とのバランスをどう取るかという点が挙げられる。虫食い部分すなわち生徒が担当する部分を増やすとそれだけ進度は遅くなる。1時間で読む分量を増やしたいときには虫食い箇所を減らすことが必要であり、速くすると生徒が授業外でやってこなければ追いつかなくなる。授業内でほぼ完結している現状の学びから、段階的に予習・復習が定着するところまでいかに進めるか今後の課題としたい。

　ところで、沈黙を守って相談しない生徒、コミュニケーションが苦手でペアワークができない生徒が一定数存在する。ペアワークは多くの生徒には効果的と考えられるが、ペアワークという学習方法自体への生徒の適性についても考えなくてはならない。すなわち、座学・講義形式でなら学べるが、ペアワークなどの他者と関わりながら学ぶことが苦手だという生徒への配慮が必要であると感じた。他者との対話はこれからの時代には必要な能力だからという説得と、コミュニケーションを取らない生徒自身の特性と、どのように両立させるか、もしくはさせないかを引き続き模索したい。

　なお、インターネット上の現代語訳や、教科書ガイドなどの訳に頼って、学びになっていないペアもあったことを追記しておきたい。このようなペアには何度も繰り返して、正解を板書することが目的では無く、方法を学ぶことを目的としていることや、相談しながら理解する練習をすることが大切だと言うことを説くしかないと考えている。最初のうちは正しい答えを書くこ

とに力を注いでいたペアも、多くは周囲の生徒の学びを見て、少しずつ自分たちで相談するようになったと感じているが、かたくなに正解を写し続けたペアもあった。

（2）まとめの学習活動について

本文を一通り読み終えた後に、まとめの学習活動を行った。授業の進度が遅くなるという懸念はあったが、授業後にワークシートに記入されたコメントからは、物語の全体像や登場人物それぞれの人物像がより具体的に見えてきたこと、そういう内容がわかって読めると面白く感じられたことなどがうかがえた。これは授業者にとっても大きな収穫であった。

その一方で、まとめの活動の際にノートの現代語訳に頼りすぎるのをどう解消するかが課題として感じられた。これについては3学期に『源氏物語』冒頭部分を読んだ際のことを付記しておきたい。この授業では、板書はペアによる文法解説のみで現代語訳は行わず、その替わりに担当箇所の要約（誰が何をした程度）を行った。これについて2点述べておきたい。

一つは、生徒も現代語訳を読んで済ませたいわけではないことに気づかされたことについてである。まとめの活動時にできるだけ本文から読み取るよう呼びかけてみたところ、出来る生徒、やる気のある生徒は本文から読みとろうとしていた。当然のことではあるが、生徒も現代語訳で済ませたいわけではなく、読めるようになってきたら自然と本文を読もうとする生徒が増えてきた様子がうかがえた。今回のようなまとめの活動を繰り返し行っていけば、自然と原文から読みとる能力が身についてくるのではないか、という手応えを感じている。

もう一つは、全文現代語訳をせず、要約をさせたことについてである。現代語訳をどこからか拾ってきたとしても、要約を板書するためには前後の文脈や内容を読みとることが必要である。現代語訳は丸写しで済ますことができるが、要約は自分たちで考えることが必要で、内容を自分で読むという点では若干の手応えが有った。現代語訳に頼りながら古文の物語を読む、この

ような読み方の可能性についても古文の享受のひとつの形として模索していきたい。そして、現代語訳を参照しつつも原文を読まなければできないような問い、原文を読んだ方がおもしろくなるような問いをいかに考えるかが授業者に求められるように感じている。（例えば今回の文章では資料1・2の空欄17部分の敬語の過剰利用の読み取りなどは、現代語訳だけで考えていては面白さが見えてこない。そういう箇所を取り上げて意見を出し合う活動を設定するなどが考えられる。）

（3）「主体的・対話的で深い学び」に向けての改善案

　さて、今回の実践で「主体的・対話的で深い学び」はどの程度できていただろうか。ペアでの担当分担やまとめの学習での活動を取り入れたことで、課題の解決に向けて調べたり相談したりしながら古文を学習することはできていたと考えている。「主体的・対話的」という点では今後もこの方向で授業改善を行っていきたい。

　その一方で「深い学び」はどうであろうか。まとめの学習活動を取り入れたことで本文の文法理解と現代語訳に留まらず、古文を「読むこと」へより踏み込めたのではないかと感じている。ただし、深く、主体的に、対話的に、読むことまではできていない。その点を改善していくことが今後の大きな課題である。

　以下に、主体的・対話的で深い学びを実現するために、改善案として考えていることを簡単に記しておきたい。

①まとめのワークシート（資料3）を授業の初回に配付し、最終的な目標を意識させておく、毎回の授業でその時間の内容をまとめる時間をとる、などの少しの工夫で生徒の意識や学びの質が大きく変わる可能性がある。今後、試行錯誤しつつ改善していきたい。

②歴史を語る態度、語るということをより立体的に学ぶために、他の語り

方を参照する活動を設定する。例えば、歴史事典の「花山天皇」「寛和の変」の記述や六国史などの漢文史料（書き下しでよい）などの記述も比較対象として有益と思われる。比較して話し合う活動を行うなかで様々な視点からの語りやその読み取り方について有意義に学ぶことが出来ると思われる。

参考：『学習指導要領』古典Ｂ・2内容（2）イ「同じ題材を取り上げた文章や同じ時代の文章などを読み比べ、共通点や相違点などについて説明すること。」

③学びの根本的なあり方として、本文を読んで自分なりにまとめ、問いを立て、調べて問いに答えたり問いそのものを検討したりする活動が必要ではないかと感じている。どの段階で、どのように可能か考えていきたい。

8. おわりに

　次期学習指導要領の目指す「主体的・対話的で深い学び」に向けて、木に竹を接ぐのではなくこれまでの実践にいかに接合していくか、未熟で不足な部分は多々あるが具体的な試みとして示すことを心がけた。

　今回の実践報告は AL ＝アクティブ・ラーニング型授業の実践例としては新しさの少ない、旧来型の授業スタイルとの批判を受けるかもしれない。しかし、古文をある日突然読めるようになる魔法があるわけではなく、「読むこと」を学ぶとは、自分で作業をして解釈を行い、その理解や思考について妥当性を検討する、このようなことの積み重ねでしかないという考えは「AL時代」になったとしても変わらない。こういう思いから今回の実践報告のスタイルとなった。

　また、現在の勤務校での実践の試みがどこまで普遍化できるのか、どこま

で他の学校で役に立つのか自信はないが、目の前の生徒たちによりよい学び
の場を提供できるよう今後も工夫・改善に取り組みたい。

【資料１】

資料１　ワークシート（本文１）

永観二年八月二十八日、（１位につかせ給ふ）。御年十七。寛和二年丙戌六月二十二日の夜、（２
あさましく候ひしこと）は、（３人にも知らせ給はで）、みそかに花山寺におはしまして、（４
御出家入道せさせ給へりしこそ）。御年十九。世を保たせ給ふこと二年。その後二十二年（５おは
しましき）。

あはれなることは、（６おりおはしましける夜）は、藤壺の上の御局の小戸より出でさせ給ひけ
るに、有明の月のいみじく明かかりければ、「顕証にこそありけれ。（７いかがすべからむ）」と
仰せられけるを、「さりとて、（８とまらせ給ふべきやう侍らず）。神璽、宝剣（９渡り給ひぬに
は）」と、粟田殿の（10騒がし申し給ひける）は、まだ帝出でさせおはしまさざりけるさきに、
手づから取りて、（11春宮の御方に渡し奉り給ひてければ）、帰り入らせ給はむことは（12あ
るまじく思して）、（13しか申させ給ひける）とぞ。

さやけき影を、（14まばゆく思し召しつるほどに）、月の顔にむら雲のかかりて、少し暗がり

【資料2】

ゆきければ、「15わが出家は成就するなりけり」と仰せられて、歩み出でさせ給ふほどに、

弘徽殿の女御の御文の、日ごろ破り残して御身も放たず御覧じけるを思し召し出でて、「しばし」

とて、「16取りに入りおはしましけるほどぞかし」、粟田殿の、「17いかにかくは思し召しな

らせおはしましぬるぞ。ただ今過ぎば、おのづから「18障りも出でまうで来なむ」と、そら

泣きし給ひけるは。

資料2　ワークシート（現代語訳1）

（花山天皇は）永観二年八月二十八日、（ 2 ）。（その）御年十七歳。寛和二年丙戌六月二十二

日の夜、（ 2 ）は、（ 3 ）、ひそかに花山寺にお出ましになって、（ 4 ）にです。（そ

の）御年十九歳。世をお治めになること二年。その後、二十二年（ 5 ）。

しみじみと（心痛く）感じられることは、（ 6 ）夜は、藤壺の上の御局の小戸からお出まし

になったところ、有明の月がたいそう明るかったので、（帝）あらわでありますなあ。（ 7 ）と

おっしゃったが、「どうだからといって、（ 8 ）、神璽、宝剣（ 9 ）」と粟田殿（道兼）が

（ 10 ）のは、まだ帝がお出ましにならぬ前に、自ら取って、（ 11 ）、お帰りになるよ

うなことは、（ 12 ）（いうことです。

お思いになって、（ 13 ）、月の面に群雲がかかって、少し暗くなっていったので、（ 15

明るい月の光を、（ 14 ）お出ましなさった時に、弘徽殿の女御（故）のお手紙、ずっと破り捨て

ずに残しておいて御身から離すことなくいつもご覧になっていたお手紙をお思い出しになって、

「しばらく（待て）」と（おっしゃって、（ 16 ）、（ 17 ）。ただ今（この

機会）を逃したならば、おのずと（ 18 ）ごと、うそ泣きなさったのは。

【資料3】

資料3　ワークシート（まとめ）

登場人物ごとのまとめ（人物像、いつ、なぜ、何をしたか、人間関係、考え、など）

1 花山天皇

2 粟田殿

3 清明

4 大臣＝東三条殿

5 源氏の武者たち

6 世継　人物像、どういう態度、立場で語っているか、など

★大鏡（道真・花山）を読んでの思考

言葉に着目して『源氏物語』を面白く読む

——若菜上・下巻「ぬるし」から見えるもの——

山際　咲清香

高校2・3年　『源氏物語』
AL技法：グループワーク

【要旨】

　『源氏物語』の**キーワード**に着目し、登場人物の心情や物語展開との関わりを考察させることで生徒の**思考力**を高め、**言葉の働きの面白さ**に気づくなど**興味関心を促す**授業提案を行う。**若菜上・下巻**のみに6例表れ、密通事件の語脈[注1]となる「**ぬるし**」を取り上げる。**言語活動**を取り入れて生徒が**主体的に各場面を深く読もうと試みる**ことを狙いとしたうえで、全体授業で各場面を統合して考える機会を設け、読みのさらなる深化を目指す。

1. 研究のねらい

　様々な読み方のできる『源氏物語』について、言葉に着目することの面白さを生徒に伝える授業を提案したい。それぞれの巻の要となる言葉が、登場人物の心情や物語展開と、どのように絡み合っているか考察することで、生徒の思考力を高めるとともに、興味関心を促すことができると考えている。教科書に掲載されている若菜上巻、蹴鞠の場面における「内々の御心ざしぬるきやうにはありけれ」（大修館書店『古典B 古文編』215頁）という夕霧

---

(1)　鈴木日出男「語脈」（『國文學』28-16　1983.12）

の心中表現のうち、「ぬるし」という言葉に着目し、「ぬるし」が表れる他の場面を併せて取り上げる。

2.「ぬるし」について

　教科書には「御几帳どもしどけなく引きやりつつ」（若菜上・140頁）から「飽かずのみおぼゆ」（若菜上・144頁）まで、蹴鞠場面における柏木と夕霧による女三の宮垣間見と、その後の様子が採録されている。蹴鞠の後、ぼんやり花を眺めている柏木の様子に、先ほど垣間見た女三の宮を思い出しているのだろうと推測する夕霧の心中表現に続き、端近くにいて姿を見られた女三の宮と、紫の上とを比べて、「かかればこそ世のおぼえのほどよりは、内々の御心ざしぬるきやうにはありけれ」（若菜上・143頁、傍線筆者、以下同じ）とあり、夕霧により、女三の宮への源氏の①「御心ざし」が「ぬるし」とされている。この教科書所収部分が、若菜上巻における「ぬるし」の1例目にあたる。

　同じく蹴鞠の後、源氏から蹴鞠の技を褒められた柏木が②「はかばかしき方にはぬるくはべる家の風」（若菜上・144頁）と返答している。「はかばかしき方」とは政治・公務の方面をさしており、「ぬるし」は、自らの家風を卑下した言葉である。

　3例目は、源氏が女三の宮に琴を教え、朱雀院に披露する前の試楽として催された、六条院の女性たちによる楽器演奏、すなわち女楽の場面冒頭の③「風ぬるく吹きて、御前の梅も盛りになりゆく」（若菜下・185頁）である。同じ場面に夕霧の心中表現として④「心のいとぬるきぞ悔しきや」（若菜下・194頁）とあり、夕霧が女三の宮を得られなかったことを悔やむ表現となっている。

　そして、⑤「これは風ぬるくこそありけれ」（若菜下・250頁）という源氏の言葉をきっかけに密通が発覚する。前日に落とした扇を探そうとした源

氏が、柏木からの恋文を見つけるのである。その後、女三の宮に訓戒する際の源氏の言葉⑥「いとぬるきこと多かるを」（若菜下・269頁）は、直接には出家していないことをさすが、この言葉には密通発覚を知った源氏の複雑な心情が込められている。

　以上、6例の「ぬるし」を見た。三つの場面に分かれて出てくる「ぬるし」について、場面ごとに見ていくと、最初の蹴鞠の場面では、申し分のない身分でありながら女三の宮をさほど大切にしていない源氏と、身分は低いけれども女三の宮を大切にするという点において源氏に負けないと自負する柏木とのコントラストが浮かび上がってくる。それだけではなく、垣間見において柏木に見過ごされ、夕霧にだけ気づかれた、源氏の処遇に結びつく女三の宮のありようが表れている。女楽の場面において、女三の宮を手に入れられなくて悔しがる夕霧の心中表現の前後には、紫の上への思慕があり、夕霧の心中表現の背後に、登場しない柏木を彷彿とさせる。すなわちこの場面は、やがて起こる密通事件の布石と読むこともできるのではないだろうか。さらに、「ぬるし」は密通発覚のきっかけともなり、蹴鞠の場面で夕霧に見抜かれたような、女三の宮に「ぬるきやう」なる「御心ざし」で接していたことが柏木を呼び寄せ、結局は「ぬるきこと多かる」という形で源氏に跳ね返ってきたといえる。

　「ぬるし」は、女三の宮をめぐる源氏、柏木、夕霧の、自己評価の端的な表現であり、それぞれの人物が味わった負の感情を示している。また、女三の宮に目を向けると、端近にいて姿を垣間見られたり、柏木からの文を隠しきれないまま源氏を引き留め、密通発覚を招いたりするなど、女三の宮のありかたもまた、「ぬるし」につながっていることが読み取れる。「風ぬるく」という温度を表す働きと、人物を評価する働きという異なる性質を持ちながら、同語の「ぬるし」で物語展開に大きく関わる語として機能している。作品中で若菜上・下巻のみに6例表れ、密通事件のキーワードとなっている[注2]。

（2）『源氏物語』の「ぬるし」については、「『源氏物語』における「ぬるし」が示すもの——若菜巻の密通事件をめぐって——」（『日本文学』51-9　2002.9）で論じた。

3. 授業の概要について

　若菜上・下巻の「ぬるし」に着目し授業を行った。大まかな授業の概要を述べる。

　まず教科書を読み、登場人物とあらすじをおさえた。そのうえで、「ぬるし」に着目し物語展開における働きを考察することを伝え、新編日本古典文学全集『源氏物語』（小学館）本文抜粋により６例の「ぬるし」を確認した。

　次に、以下に示す五つの課題について考察させた。

1. 教科書掲載部分について、源氏の女三の宮への接し方がどのようであったか、紫の上、御後見ども、明石の君、世人の見方を確認する。

2. 「はかばかしき方にはぬるくはべる家の風」について、柏木はなぜ婿候補から外れたのか考察する。また、柏木の女三の宮への想いについて把握する。

3. 女楽の冒頭に「風ぬるく吹きて」とあり、同じ場面で夕霧の心中表現として「心のいとぬるきぞ悔しきや」とある。朱雀院に打診された時、気づいていないかのような返答をしたことについて、女三の宮を得られたかもしれなかったのにと悔やんでいる。紫の上に惹かれる夕霧の心中に見られる女三の宮への想いについて、柏木の女三の宮への想いと比較する。

4. 密通発覚前後の女三の宮の言動を捉えることにより垣間見場面で夕霧に「かかればこそ」と受け止められた、女三の宮のあり方を顧みる。

5. 女三の宮に訓戒する際の言葉、「いとぬるきこと多かるを」に込められた源氏の心情について読解する。朱雀院や女三の宮に対する誤解に基づいた心の葛藤や、突き放したい気持ちがある一方で女三の宮への執着が生じていることなどを読み取る。

　これらの課題を考察させるにあたって、ワークシート及び考察用『源氏物語』本文抜粋（A3　裏表９枚）を配布した[注3]。さらに、どの「ぬるし」

が面白いと思うか、その理由について書かせた。また、「ぬるし」が表しているものは何かという点について考えさせた。

4.　指導案より「ぬるし」についての発問抜粋 (6時間目)

【密通発覚場面】

・密通発覚の「風ぬるく」について、季節はいつか。

・もう1例、自然の「風」がある。季節はいつか。

・夏の「ぬる」い風は、どうか。どのような風が望ましいのか。

・密通発覚前後の女三の宮の言動について。発覚後、女三の宮は小侍従に問われて、どう返事をしているか。

・発覚の前日、源氏が紫の上のところへ渡ろうとした時、女三の宮はどの

---

(3)　ワークシートの発問と考察用資料の『源氏物語』本文の抜粋頁は以下の通り。

　1 女三の宮を垣間見た夕霧により、女三の宮への源氏の「御心ざし」が「ぬるし」とされている。源氏の女三の宮への接し方はどのようであったか、紫の上、後ろ見ども、明石の上、夕霧、世人の見方について考察してみよう。
　　（資料頁 70・86・92・132・135・136・218）

　2 蹴鞠直後、源氏との会話における柏木の発言「はかばかしき方にはぬるくはべる家の風」は自らの家風を卑下した言葉である。柏木はなぜ婿候補から外れたのだろうか。
　　（資料頁 36・157）
　　☆柏木の女三の宮への想いについて考察してみよう。（資料頁 136・145〜149）

　3 女楽の冒頭に「風ぬるく吹きて」とあり、同じ場面で夕霧の心中表現として「心のいとぬるきぞ悔しきや」とある。朱雀院に打診された時、夕霧はどのように答えているか。何が「ぬるし」なのか。（資料頁 25）
　　☆紫の上に惹かれる夕霧の心中に見られる女三の宮への想いについて、柏木の想いと比較してみよう。
　　どちらの想いが強いだろうか。また、紫の上への夕霧の想いと、女三の宮への柏木の想いを比較してみよう。
　　どのように似ていて、どのように違っているだろうか。（資料頁 154・155）

　4 「これは風ぬるくこそありけれ」の言葉をきっかけとして、密通が発覚する。
　　密通発覚後、女三の宮は小侍従にどのように返事をしているだろうか。（資料頁 252）
　　密通発覚前日の女三の宮の行動はどうなっているか。（資料頁 249）

　5 女三の宮に訓戒する際の言葉、「いとぬるきこと多かるを」に込められた源氏の心情について考えてみよう。
　　源氏は密通発覚の前、女三の宮についてどのような気持だったか。（資料頁 231・246）
　　☆密通発覚後、女三の宮への気持ちはどのようであるか。
　　（資料頁 254・255・259・266・272）密通発覚前と比べてどうか。
　　女三の宮は柏木をどう思っているか。（資料頁 224・225・226・243）
　　源氏の足が遠のいたことを朱雀院はどう捉えているか。（資料頁 267）
　　☆女三の宮の気持ちや朱雀院の受け止めについて、源氏はどのようにとらえているか。
　　（資料頁 254・255・268・269・271）

ような行動をしたか。

【女三の宮への訓戒場面】
- 源氏は何について「いとぬるきこと多かるを」と言っているか。
- 源氏は朱雀院にどう思われていると思っているか。
- 源氏は女三の宮にどう思われていると思っているか。
- 前後の朱雀院・女三の宮についての推測は当たっているか（補助質問として、女三の宮は柏木についてどう思っているか・朱雀院は、源氏の足が遠のいたことを、どう捉えているか）。
- 密通を知る前と知った後とで、源氏の女三の宮への想いは、どのように変化しているか。
- 源氏の「いとぬるきこと多かるを」に込められた心情はどのようであるか。

【他の場面への展開】
- 源氏以外で、自分自身について「ぬるし」としているのは誰か。

【蹴鞠場面・夕霧の「ぬるし」】
- 夕霧の心中に表れる「ぬるし」はもう１例ある。蹴鞠での垣間見後の夕霧の「ぬるきやう」は何をさしているか。他に気づいているのは誰か。
- 女三の宮を手に入れた源氏は、なぜ「ぬるきやう」に接していたのか。
- 「かかればこそ」から、夕霧は何に気づいたのか。他に気づいている者はいるか。

【蹴鞠場面・柏木の「ぬるし」】
- 柏木の「ぬるくはべる家の風」は何と関連しているか。柏木はなぜ婿候補から外れたのか。
- 柏木の女三の宮に対する気持ちについて。柏木は女三の宮についてどのような心情を抱いているか。
- 柏木と源氏とで、身分と女三の宮への想いは、それぞれ、どのようであるか。
- 柏木にとって、源氏の女三の宮に対する態度は、どう映っているか。

【女楽場面】

・女楽場面での、夕霧の「心のいとぬるきぞ悔しきや」とは何についての心情か。

・もう1人、女三の宮を手に入れられず、悔しい思いをしたのは誰か。

・女三の宮に対する気持ちは、夕霧と柏木とではどちらが強いか。

・夕霧が心惹かれているのは誰か。

★なぜここに夕霧の女三の宮についての心中表現があるのか。（←応用）

【全体を通して・「ぬるし」の働きについて】

・「ぬるし」を二つに分けるとしたら、どのように分けられるか。

・「ぬるし」と思っているのは誰か。何についての、どのような心情であるか。

・「ぬるし」の語は何を表しているのか。この言葉から何が読み取れるか。

〈参考〉「ぬるし」との対照

　女三の宮降嫁の際、眠れないでいる紫の上の様子が語られる場面に、「風うち吹きたる夜のけはひ冷やかにて、ふとも寝入られたまはぬを、近くさぶらふ人々あやしとや聞かむと、うちも身じろきたまはぬも、なほいと苦しげなり」（若菜上・68頁）とあるのを紹介することも可能である。

5．授業の実際

　勤務校は昼間定時制普通科、単位制で、選択科目はクラスと学年を超えたメンバーで同じ授業を受けている。年度の最初は人見知りして、話し合いやグループ活動は難しいが、百人一首をやったり、1人ずつ意見を言わせたりしているうちに、なじんでくる。普段は、範読の後、追従読みやペア読み、斉読などによる音読を3回繰り返してから内容読解に入る。板書と発問を中心に、生徒から出た意見で授業を進めるスタイルで、読解の後、作品に関

連した課題について、ワークシートに記述させる。受験に古典を必要としない生徒がほとんどであるため、文法事項は、読解に便利なもの2、3点に絞っている。授業時間は45分で5分休憩をはさみ2時間連続で行う。欠席する生徒に配慮し、前期は2時間で完結するように授業を行い、長編作品は後期に入ってから取り上げている。

　今回の授業実践は、初めて『源氏物語』を読んだクラスと、前期に桐壺・若紫を読み、ある程度作品になじんでいたクラスとの2クラスで行った。

　初めて『源氏物語』を読んだクラスは3年生のみ6クラス24名で構成されている。1・2時間目に、まず「ぬるし」6例について古文のテキストを授業者が読み、該当する現代語訳を生徒に見つけさせた。その後、ワークシートを用いて考察に入ったが、授業の終わりの感想で「どこが現代語訳かわからない」「難しい」という意見が複数あり、さらに「現代語訳が呪文のよう」と不評であったため、授業者が原文（古文）と現代語訳とを見比べられるものを提示する必要性を感じた。当初の計画ではワークシートで生徒が選んだ課題に応じて、次回の授業で、3人1組のグループを八つ作り、各グループに別々の課題を与えて考察させた後、8名1組の3グループに組み直して、それぞれの考察結果を共有するジグソー法を試みるつもりでいたが断念した。

　3・4時間目、古文を読ませるのはやめて現代文として読ませることに変更。考察対象とした該当部分について現代語訳（A4　5枚分）を作成、配布し、これをテキストとした。ワークシートの課題を一つずつ確認し、1名に現代語訳を音読させて残りの生徒は目で追いながら聞かせた後、各自、課題について記述するという順序でワークシートを完成させた。授業後に確認したワークシートは、ほぼ埋まっており、問に答えることはできていた。前回の授業では周囲と話しながら楽しそうに活動する生徒もいたが、この日は読んでは書き、読んでは書き、と黙々と作業を進めさせたため、息苦しそうだった。生徒の感想も、テキストが現代語になって前回よりは良いが、やはり難しいということであった。元々、多様な読みが出るクラスで、授業で扱わな

かった人物の人柄と役割についても試験でしっかり書けていたため、深い解釈ができると期待して始めたが、与えられたものを「やらされている」だけで生徒の能動的な活動になっておらず、さらなる改善が必要だと感じた。

　5・6時間目は本文を3場面に分け、密通発覚場面について、「密通はなぜ発覚したか」と問を発したが反応がなく、「隠したのを忘れたから」「何を？」「柏木からの手紙」「誰がその手紙を見つけたの？」「源氏」と続いたが、その後も反応が薄く、多くの生徒が興味を示していなかった。「このプリントを見て」と言うと探すが、「プリントが多すぎる」という声が上がった。5時間目に密通発覚と訓戒場面を途中まで見た後、6時間目冒頭の20分で他の場面の「ぬるし」について説明する形を取り、「どの「ぬるし」が面白いと思うか」について書かせた。また、「「ぬるし」とは何か、何を表現しているか」について、書ける生徒に記述させた。

　7時間目にワークシートの記述（他クラス分併載）と、授業の狙いをまとめたプリントを配布して説明し、最終感想を書かせた。

　桐壺・若紫を読み、ある程度作品になじんでいたクラスは3年生5クラス7名と4年生2クラス2名の9名で構成されている。3年生は国語総合、古典Aから連続して古典を選択しており、古典好きな生徒が比較的多いが、なかには苦手意識を持っている者もある。4年生2名は国語総合の後、2年間のブランクがあり消去法で選択した生徒である。授業は初めて『源氏物語』を読んだクラスと同じ曜日の午後の時間帯にあり、先行する午前のクラスでうまくいかなかった部分を修正しながら進めた。

　1・2時間目に、教科書部分、女三の宮降嫁にともなう紫の上の苦悩及び蹴鞠の場面を区切って追従読みをさせながら講義形式で授業を行った。夕霧の心中表現に見られる「ぬるし」に着目していくことを示して終了。混乱は見られなかった。

　3・4時間目、6例の「ぬるし」について追従読み、解説した後、「どの「ぬるし」が面白いと思うか、その理由」について書かせた。その後、「密通発覚、女楽、蹴鞠」の3場面に分かれることを板書で示し（指導案6時間目

板書案の平易な形）、「密通発覚のきっかけは何か」と問うと、「緑色の文が見えて」と答えた。「それは何をしていて見つけた？」「扇を探していて」「どうして扇を探したの？」「風がぬるかったから」というやりとりの後、「もう1例の自然の風は」と問い、女楽場面であることを確認した。2例の「ぬるく吹く風」について、「季節はいつでしょう」と問う。密通発覚時について、机に頬をつけて寝ていた生徒が「春」と言うので、「春ではないですね。でも、その答え、覚えておいてくださいね」と返し、別の生徒が「夏」と答えた。「女楽の場面は？」と先ほどの生徒を指名し、「春」との答えを得た後、それぞれ、どのような風なのか聞いた。夏について、生徒の方から「不快」という言葉が出て、授業者がジェスチャーを交え「扇はどこにあるかな、ん？これは何だろう？　えっ！　まさか！」と演じると笑いが起こり、柏木からの文が見つかったことについて生徒から「何でそんなところに隠しておくかな」「ガードもぬるい」という発言があった。女楽場面の春の風について「袖ひちてむすびし水のこほれるを春立つけふの風やとくらむ」（古今集・巻1・春上・2・春立ちける日よめる・紀貫之）の和歌を紹介。「ぬるく」吹く前は、どのような風が吹いていたのか問い、「冷たい風」というので、「それが「ぬるく」なるとどうですか」と聞く。梅が満開で「心地良い風」という意見が出た。このクラスは少人数（1・2時間目は9名、3・4時間目は2名欠席で7名）のため、一人一人と目を合わせながら授業ができる。途中で冗談を言ったり雑談をしたり、生徒同士も会話するなど、発言しやすい雰囲気となっている。

　5・6時間目は欠席2名の7名参加（欠席者は前回とは異なる生徒）。最初に前回の課題の記述を口頭で紹介した。次に、蹴鞠、女楽、密通発覚と訓戒の3場面について、新編全集抜粋を1名ずつ音読させ、授業者が解説しながら、発問と板書（指導案6時間目発問抜粋・板書案）により、「ぬるし」を取り巻く状況を確認した。前回に比しておとなしく、2名ほどが時々深くうなずいたり、生徒が発言したりするのに助けられながら授業を進めた。6時間目の最後は授業時間を5分延長して2課題「「ぬるし」とは何か、何を

表現しているか」「どの「ぬるし」が面白いか。その理由」について書かせた。終了時に作成した現代語訳を配布した。

　7時間目にワークシートの記述と、授業の狙いをまとめたプリントを配布して説明し、最終感想を書かせた。

6．生徒の記述

　授業における生徒の記述を抜粋する。
【どの「ぬるし」が面白いか。その理由】
　①夕霧の心中における、女三の宮への源氏の「御心ざし」を「ぬるし」とした（教科書掲載）部分に関する記述なし。
【②「ぬるくはべる家の風」に関して】
・柏木のこれまでの行動や心境に合っていてうまく使われていると感じたから。・柏木の悔しさを表しているから。・負の感情が出ている。・自分の家の身分の低さをわかって嘆いているところ。・③と⑤は温度の「ぬるし」で、②は風とは言っているが体感できる風（wind）ではないというのが掛け言葉みたいで面白い。
【③女楽の場面冒頭「風ぬるく吹きて」に関して】
・暖かい風は「あったかい」「心が落ち着く」「自由な感じ」などがあり、冷たい風は「冷たい」「さみしい」などがあるが、「ぬるい風」は「不思議な感じ」「季節が変わる」「気持ちが晴れているのか沈んでいるのかわからない」など、色々な感情があり面白い。・正月に梅が咲くというのは現代では想像もつかないし、1月に生温かい風が本当に吹いていたのか信じられない。現代の小説にもこの表現が使われていそう。・③と⑤の同じぬるい風なのに出来事が対照的な所も面白いと感じた。
【④夕霧の心中表現「心のいとぬるきぞ悔しきや」に関して】
・夕霧はなんだろう。愛情の度合いで言えば紫の上の方が大きい。それなの

に女三の宮も好きなの？　欲張りなのか？　訳がわからない。

【⑤「これは風ぬるくこそありけれ」に関して】

・この「ぬるし」という言葉によって柏木からの手紙が見つかり、周りの環境が大きく変わるから。・女三の宮の抜けているところや源氏の怒りがあるのに未練が出てきて手放せない感情などが生まれているから。・密通があのような形で発覚するところ。・夏の不快感を表しているところ。・生温い不快な風でドロ沼にハマりだすから。・このあたりから話が面白く感じたから。

【⑥「いとぬるきこと多かるを」に関して】

・恋愛のどろどろ感がいい感じに書かれているから。源氏は女三の宮に冷たく接していたにもかかわらず、いざ柏木に取られそうになると未練たらたらなのがいい。・ぬるしが温度のことではなくて、ふがいないという意味で使われている所が面白いと感じた。・すごい人だと伝えられている源氏の、女三の宮へのぐちぐちした恨み言が何か面白い。お母さんの小言みたい。その原因も誤解が混じっているとか、「源氏…（笑）」という感じがすごい。・えらい人なのに自分にすこし自信がないことが分かるところが面白い。

【「ぬるし」は何を表現しているか】

・「ぬるし」は人の辛い気持ちを表現している・キーワード・風についてのぬるしは登場人物の行動・心情を映している。人物が言っているぬるしは自虐、自分を悪く言うような感じ。・自然や人の心のこと・気持ち・うとい、位が低い、風がぬるい、未熟。・これから気持ちを表しますよと警告している。

【最終感想】

〈初めて『源氏物語』を読んだクラス〉

　・最初の頃は全く「ぬるし」の違いがわからなかったけれど、読み深めていくうちに理解できた。温度のぬるしには割と苦戦しなかったが、人物の評価語は難しかった。柏木の心中はわかりやすく、女三の宮を想いすぎたあまりに動いてしまっているところもあり、残念だが、その点逆に夕霧はあまりよくわからなかった。個人的に女三の宮の抜けているところと源氏の心の葛藤が好き。

- 「ぬるし」という言葉ひとつに、温度や感情や情景など、色々なものが混ざっているのが面白いと思った。日本語は奥が深いな、とも。

- 「ぬるし」という言葉で色々な解釈ができて深いと思った。普通に読んだら抜かしてしまうようなものだからなおさら。ただまあやはり読みにくいし読み取りにくかった。こういう、ある単語というかそれにスポットを当ててやるのはいいけれど、分かりやすいものがいい。

- 「ぬるし」が人の気持ちなどを表現しているのは面白いと思った。普通に何も知らなかった初回の授業では「ぬるし」のことを「お風呂がぬるいわ〜」みたいな感じで使われている「ぬるし」だろうとぼんやり思っていたものだったので。正直言って、人物の相関図が頭のなかでちゃんとまとまっていなかったから、話を聞いているとき、ん？　となるときがちょこちょこあったけれど、話自体は退屈ではなかったので面白かったです。個人的に源氏物語に興味がわいたので色々と調べようと思います。それにしても柏木はかわいそうな男だと思ってもしかたがない。

- 女三の宮は少し複雑な人だと思った。女三の宮には源氏がいるのに夕霧と柏木に女性とみられていたから。授業は難しく理解できなかったことが多かったけれど、「ぬるし」という言葉でこれだけの物語や意味が出来るのだなと思った。昔の人達は今よりもすごくドロドロしていてこんな恋はしたくない。

- 「ぬるし」という言葉が、今で言う「生ぬるい」と関係があるのに今日気づいた。源氏物語は現代の恋愛小説より、どこか架空の人たちだと思わせずドロドロしたところが多かったりと人間らしい物語なのかなと思いました。昔の言葉に対しての私の理解ができておらず、つまらないと感じてしまいましたが、現代語をさらに今の時代の小説のようにすればおもしろかったのかなと思いました。

- 始めに全体を通して読んだ際、「ぬるし」という表現が多用されていることを気に留める事はなかったが、読み深めていく内に様々な使われ方をしている事を知り、大まかに見た時の段落のような意味を持っている

210

のかなと思った。

・「ぬるし」という言葉だけで色々な気持ちの表現ができておもしろいと感じました。現代では「ぬるし」という言葉を全くと言ってよいほど使う機会がないので、授業で勉強できて良かったです。

〈桐壺・若紫を読み、ある程度作品になじんでいたクラス〉

・言葉本来の意味に、物語の中で他の意味を付け、その意味が含まれていく流れを面白いと感じた。

・1つの言葉に注目して読んだことがなかったので興味がわいた。

・登場人物の個性、思いを同じ「ぬるい」という言葉を使うことで分かりやすく表現していると思う。同じ言葉なのに、使われる人物によって印象が変わるように感じた。

・言葉や文字に表せないことを「ぬるし」という言葉を使うことによって読者1人1人に違う受け方が出来、読み取り方によっては違う意味になってしまうという言葉の深さを知った。現代にもつながるものもあり、内容を知る程楽しめる物語だと思った。

・「ぬるし」という言葉は今の普通に使っている言葉であって、今は生ぬるい温度とか考えがぬるいなど限られてきますが、今回の授業を受けて思ったことは、今では使わない様な使われ方をたくさんしていて、悔しさや怒りなど様々な感情の表現だったのかなと感じます。今と同じように気温を表して「ぬるし」と使っているところもありますが、心境や感情、行動に適した使われ方をしていて面白いと思いました。

・人物を比較するためのキーワードとしての役割を果たしていたなんて。最後まで「ぬるし」については「へえ、そうなんだ」程度の興味で、終始物語の方が気になっていました。源氏物語は何回か飛ばし飛ばしでやっているだけで、きちっと全部やりたい。時間が足りないだろうけど、やってみたい。少しだけでも。授業の感想というか、女三の宮がこれからどうなるのか気になるところ。あと紫の上も。病気していたし。

・ぬるしのおもしろいところは、場面転換のような重要なところに使われ

ているところ。例えば、③と⑤、②と④。

7.　今後の課題

　実践を通して見えてきた課題について述べる。

　最後に「どの「ぬるし」が……」と問うと個別の例に戻ってしまい、有機的につながっていたものがバラバラになる。改善案として、別途行った大学における実践で「「ぬるし」のどこに興味があるか」と問い、複数の例に関連した意見を得ることができた。この点について、高校生に有効であるか確認したい。6時間目の活動で、個別の例を考察した後の各場面のつながりを捉えさせるための発問が難しく、生徒に気づかせるためにはどうしたらいいか、再検討していきたい。

　資料が多く見づらいという意見が多出した。前後を読みたい生徒もいるかもしれないと、敢えて見開き頁の該当箇所に山括弧を付ける形で印刷したが、該当箇所のみコンパクトにまとめたプリントの方が良かった。

　あらすじや人物関係、人物の呼称についてあらかじめ示しておく必要がある。今回、あらすじと主な登場人物をワークシートで配布し、呼称はその都度口頭で補ったが、人物関係がわからなかったという感想があった。また、初めて作品にふれたクラスでは1・2時間目に生徒の気持ちが遠のいてしまい、現代語訳で進めるなど工夫を試みたが興味関心が回復しなかった。生徒の作品への抵抗をできるだけ除き、作品の中身を味わえるような出合わせ方、動機づけを行う導入部分の大切さを改めて認識した。話の内容から⑤⑥の源氏の「ぬるし」に興味を示す生徒が多かったので、例えば「ぬるい」という言葉を使うことがあるか、聞いたことがあるか問うて自由に発言させた後、源氏の「風ぬるく」から入れば、身近なところから共感しやすいのではないか。

　ワークシートの課題が多すぎることも改善すべき点としてあげられる。なかには、苦手意識を持つ生徒に向けた、読めばわかる課題もあり、熟考につ

ながるものを四つ選択した（注3に記したワークシート発問のうち、☆を付した、①柏木の女三の宮への想い、②夕霧の女三の宮への想いと柏木の想いとの比較、③密通発覚の前と後で源氏の女三の宮への気持ちがどのように変化しているか、④女三の宮と朱雀院について源氏がどう捉えているか）。このうち②について、紫上を想う夕霧の気持ちと、女三の宮を想う柏木の気持ちとが内容的に類似しており、かつ表現面で「ぬるし」と「はかばかし」（柏木→源氏、夕霧→朱雀院への返答）とが共通することから、夕霧の背後に柏木を想定できると筆者は解釈しているが、ここまで生徒に求めるのは難しい。但し、2名の生徒（各クラス1名ずつ）が、「夕霧が女三の宮を想う」ことに疑問を唱えており、このような生徒に対しては、「なぜ、ここに夕霧の女三の宮についての心中表現があるのか」（指導案6時間目発問★）という応用的な問を投げかけることも、読みの深化につながると考えられる。

　言語活動に関して、5時間目に予定している、個人での活動「興味を持った「ぬるし」の例について、配布資料から人物の心情及び物語展開との関わりを捉えさせる」の後に行う、他者との意見交換「同じ課題を考察した者と交流した後、違う課題を考察した者と交流」は、1対1（ペアワーク）での意見交換を想定している。グループ学習を行う場合、①同じ課題に集中するのを避けるため、授業者が課題を割り振る（時間節約にもなる）、②1時間で二つ程度、全てのグループで同一課題を考えるという2通りが考えられる。②の方が、様々な角度から意見が出て考察が深まり、それを受けて個人のなかでさらに考えが生まれるので時間が許せば試みたい。①のグループごとに異なる課題に取り組ませた場合、グループを組み直すジグソー法によるALの試みも可能であろう。

　当初、古典が好きな生徒への応用教材として想定し、勤務校での実践は難しいと考えていたが、実際の授業では予想以上に生徒からの反応があった。言葉に込められた複数の意味を読み取り、現代よりも多様で、心境や感情、行動に適した使われ方をしていて面白いという感想や、一見するとプラスにもマイナスにも転じる面への指摘など、「ぬるし」という言葉そのものに興

味を示した記述があった他、キーワードとしての役割を果たし、重要な箇所に使われているという構造的な働きに気づいた生徒も現れた。また、物語を読む方法として受け止めた生徒や、作品への興味を示す生徒もあった。大学生からは、一つの言葉に着目して登場人物の心情や場面状況について考えることが面白いといった感想や、作品そのものをただ読むよりも、キーワードに焦点を合わせ、それを理解することを中心に読んだ方が物語を深く理解することにつながるという意見を得た。今回、このような取り組みの有効性を確認できたため、課題について今後も改良を重ね、授業を行っていきたい。さらに、『源氏物語』の他の巻、あるいは他の作品で要となる言葉について探り、「この言葉に着目すると作品をより面白く読める」という授業展開を試みていきたいと考えている。

　※『源氏物語』本文は『新編日本古典文学全集』（小学館）に拠り、巻名・頁数を附した。

　本稿は 2015 年 11 月 13 日に行われた全国高等学校国語教育連合会第 48 回研究大会　東京大会における口頭発表をもとにまとめたものである。

214

板書計画（6時間目）

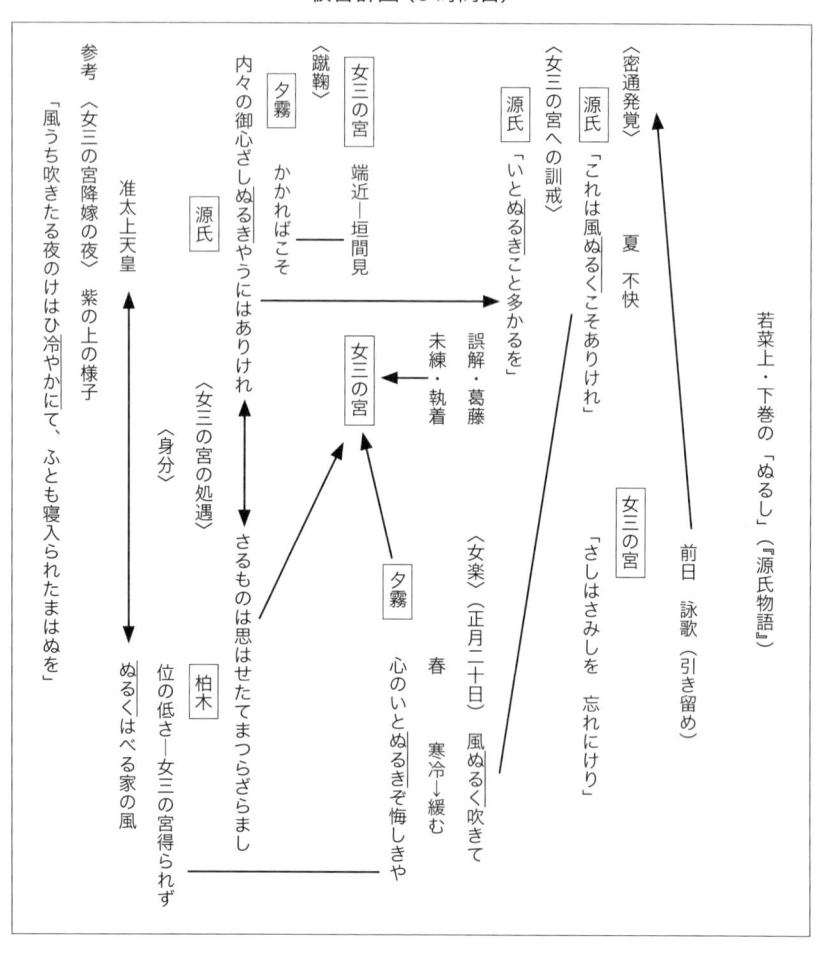

国語科教育法におけるアクティブラーニングの実践

——教員免許状取得を目指す学生の AL イメージと授業作り——

本橋　裕美

大学 2 年以上
AL 技法：グループワーク　プレゼンテーション

【要旨】

　教員免許状取得を目指す大学生の AL に対する**意識調査**と、教材開発に関する**授業実践**の報告。AL に対するモチベーションが必ずしも高くない学生たちの意識を調査し、目指すところの理解と教材開発の取り組みを経ての変化を考察する。教員と生徒の中間点に位置する**大学生**の授業をとおして、AL 型授業のできる**教員養成**、また AL そのものを肯定的に捉えるための生徒への働きかけを考える。

1. はじめに

　新中学校学習指導要領（平成 29（2017）年公示）で重要なポイントとなるだろう「主体的・対話的で深い学び」としてのアクティブラーニングは、これから教員を目指す学生たちにとっても重要なトピックとなる。アクティブラーニング型授業 (注1) において教員に求められるのは、児童、生徒を授業に引き込むことである。それはもちろん教室作り、授業作りという面でこれまでの教員に求められる能力と地続きにある。しかし、教員免許状の取得

---

(1)　溝上 2014 および I-1 参照。

を目指し始めた段階の学生にとって、「先生」のイメージは第一に知識であって、児童、生徒を参加させる技術を習得しようという点については、具体性が乏しいことが多い。特に中高の、国語の教員を目指す学生にとっての「先生」イメージは、教室で淡々と教科書を解説するものになりがちである。しかし、これまで生徒主体の学習の充実という、現場を知らない学生にとってはやや抽象的な目標であったものに、「アクティブラーニング」（以下 AL）という名称が与えられたことで、学生たちの教員イメージは変わらざるをえないし、その変化自体は歓迎されるべきものと考えている。昨今、「文学が好き」「知識が豊富」といった教員イメージのままで現場に出て行くことは有効ではない。学生たちには、AL という概念の学習を通じて、教員としてどのような学習の場を提供できるかという思考方法を手に入れてほしい。

　学生における教員イメージの変革を迫る AL であるが、一方で本稿で対象とする学生たちは平成 20（2008）年度公示の学習指導要領を中心に学んできた世代で、AL という名前でなくとも、活動を重視したカリキュラムで育っている。国語においても言語活動が重視されており、AL 型と解釈してよい学習活動を生徒として経験したことのある者も少なくない。しかし、後述するとおり、「生徒主体の学習」なるものに対して否定的な意見を持っている学生が複数いるのである。

　本稿では、教員免許状取得を目指す学生たちを対象に、自分の受けてきた AL 型授業を相対的に捉え直し、授業を作る側として取り入れていく大学での授業実践を提案する。

2．学生の実態

　本稿で対象とする学生は、教職課程科目「国語科教育法（中）Ⅱ」（対象 2 年生以上）を受講する S 大学の 2 年生 16 名、3 年生 3 名である[注2]。春学期に「国語科教育法（中）Ⅰ」を受講済みで、中学校国語科の免許状取得

---

(2)　第1時間目では2年生が1人欠席。第2時間目では、3年生が他科目の都合上、3人とも欠席となった。

を目指す科目であり、3年次以降、高等学校国語科の免許状取得のための授業を受講する学生が多い。「国語科教育法（中）Ⅱ」の目標は「2年後の教育実習に向けて、中学生を対象に学習指導案を作り、授業をすることができるようになる。」であり、秋学期が始まってから、模擬授業に入る前の2回を利用して、AL型授業の構築について考える時間を設けた。

　授業作りを行う前に、学生たちのALに対する意識を確認すると、次のような回答が得られた。

　　・「アクティブラーニング」という言葉を知っている　→　17人／18人
　　　中（以下同）
　　・「アクティブラーニング」として授業を受けたことがある　→　2人

　他の教職科目だけでなく、メディアで取り上げられることの多いALの認知度は高い。自分も受けたことがあると答えた学生は2人だが、AL型授業と呼ばれるものの具体例を挙げ、簡単な定義を示すと、「AL型に分類されるような国語の授業を受けたことがある」と答えた学生は14人に上った。実際、やったことのある例としては、ペアワーク・ディベート・班活動・壁新聞・CM制作・スピーチ・討論などが挙がった。小学校はもちろんのこと、中学、高校においてもグループワークなどが取り入れられていたと記憶する学生が多く、言語活動に力を入れたカリキュラムを受けている世代であることがわかる。

　ただし、学生たちはAL、特に国語科におけるものに対して、必ずしも肯定的なイメージを抱いていない。口頭でのやり取りで思い出などを聞いてみると、小学校での劇や音読大会などについては「楽しかった」、他教科については「知識の定着に役立った」という感想はあるものの、中学以降の国語科の活動については、「やりたくなかった」「苦痛だった」と回答があり、そうした意見があることを取り上げると、うなずく学生もいた。「知識の定着や応用に役立ったか」という問いについても、特にそういう印象を持たない

まま、否定的な気持ちで授業を受けていた学生も少なくないようだった。

　筆者は、同じく国語科の教職に関わる授業を教員養成系の大学で受け持ったことがある。教員を目指す学生の多くは座学には否定的で、いかに活動的な授業を作るかというところに力を注いでおり、S大学の学生たちの反応とは対極にあった。もちろん、S大学の学生のなかにも、生徒と活動的な授業をやっていきたいという考える学生はいるが、自分たちの受けてきた授業をやや否定的に捉えるあり方は特徴的といえる。重要なのは、S大学の学生たちのような反応が、けっして少数派ではないという点だろう。AL型授業を取り入れて生徒たちに感想や自己評価を求めると、彼らの多くはメリットを探す。一面では、その授業を提供してくれた教員に対する配慮などもあるだろう。だが、年単位で時を置いて振り返れば、教育に対して前向きな捉え方をする生徒ばかりでなく、S大学における回答のような、「やりたくなかった」「苦手だった」という印象を改めて認識することは十分に考えられる。

　本稿の授業実践では、ALに対してやや否定的な印象を抱く学生たちに、前向きな興味を抱いて授業作りをしていけるようにすることを目標とした。一方で、ALが取りこぼしがちな、「やりたくない」「面倒くさい」「力になっているのかわからない」といった消極的な子どもの存在を考える一助として意見を受け止める必要を感じている。

3．授業の実際

　「国語科教育法（中）II」自体は全15回2単位の授業で、本稿で行う2回分は独立した目標を提示して実施した。

　授業は、小テストを含む90分×2回で行った。予習として授業作りの土台となる「いにしえの心と語らう　君待つと ── 万葉・古今・新古今」（中学3年生・光村図書）の教科書と指導書の一部を配布し、言語活動を中心に行うという授業の方針を伝えて、ある程度考えてくるように指示したうえ

で、授業に臨んでいる。言語活動については、学習指導要領の解説のなかで学習している。

○目標：ALについて知り、授業作りに活かせるようにする

　※ここでの「ALについて知り」という部分が意味するのは、知識・情報として「知る」ということではなく、学生たちが自身の経験を振り返り、自分のなかで意味づけし直すことも含む。学生に対しても、これまで受けてきた授業の意図が何だったのかをきちんと考えるよう促している。

○学習の流れ（1時間目）

導入	①ALイメージについての確認	アンケート用紙　口頭での意見交換
	②ALとは何か	教員による情報の提示。参考文献等を利用した。
	③今まで受けてきた国語科の授業の振り返り	口頭での意見交換
個人活動	④活動を考えよう	プリントに思いつく限りの活動を書き出す。
	⑤ALカードを作ろう	考えた活動を短くまとめてカード（3cm×4cm）にする。
グループワーク	⑥カードを置いてみよう	活動の幅や自由度が見えるように置く。グループ内で説明や意見交流を行う。
	⑦面白い活動を決めよう	グループ内で提案されたもののなかから「面白そう」という観点で一つ活動を選ぶ。
	⑧検討しよう	⑦で選んだ活動について、内容を具体化しながら方法や目的を検討する。
まとめ	⑨振り返り	リアクションペーパー（感想およびA〜Dで自己評価）下記参照

○「⑥カードを置いてみよう」で用いた土台

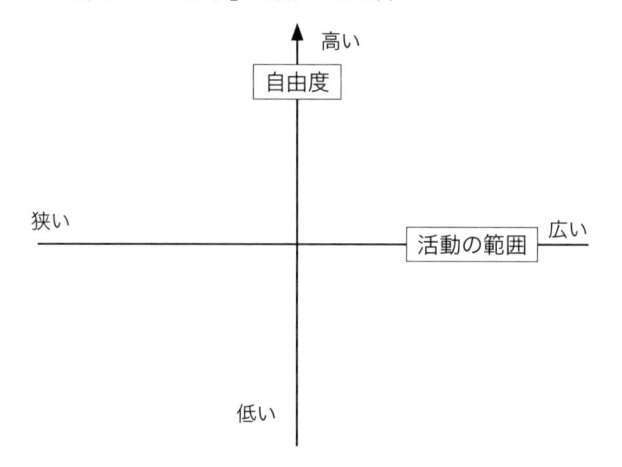

※カードを並べる際、「自由度」と「活動の範囲」の二軸のある土台（A3
　用紙）の上に、それぞれのカードの内容を考えながら置いた。

○各班が選んだ活動（全5グループ・3人ないし4人）
　・枕詞ゲーム
　・和歌のさまざまな訳（ギャル語・方言）
　・季節に合った和歌の創作
　・平安時代の階級を学ぶ怪獣じゃんけん
　・和歌の情景を絵に書く

○⑧における検討項目
　・全何時間の何時間目に行う活動か
　・必要な時間、教具、班分け、プリントなどの具体化
　・授業の目標と評価の規準
　・国語科としての意義、古典の授業としての意義

○振り返りのリアクションペーパー（自己評価）

　A　ALができる！……2人

　B　ALやってみたくなった……11人

　C　ALが何となくわかった……4人

　D　何も得ていない……0人

　（未回答1人）

○振り返りのリアクションペーパー（自由記述）抜粋

　・楽しめるように考えたが…教科の方を少し忘れてしまっていた。

　・自分の考えたものが他の人から「面白そう」と言ってもらえたので、「面白さ」の感覚が他の人と共有できて良かったと感じた。

　・「やっただけ、書いただけ」で終わらせずに、共有する時間を設けることを大事にしていきたいと思った。

○学習の流れ（2時間目）※授業出席者16名

導入	①前回の振り返り	グループ内での検討を確認する。
個人作業	② AL型授業の提案	前回の検討を踏まえて AL型授業を組み立てる。
	③プレゼンテーションの準備	自分の提案をプリント（B）に沿って提案できるよう準備する。
グループワーク	④プレゼンテーションの実施	前回のグループと重ならないように調整したグループ単位（4人×4班）で、持ち時間7分（質疑込み）のプリントを用いたプレゼンテーション。
	⑤グループでの意見交換	それぞれのプレゼンテーションの良かったところや改善点を出し合い、相互評価。（特に数値化はせず、口頭でのやり取りのみ。）
まとめ	⑥意見交換	全体で気づいたことなどの意見交換
	⑦個人での振り返り	リアクションペーパー（自己評価および記述）下記参照

○学生の提案（見出し）[注3]

- 情景や心情のポスターづくり
- 掛詞探し ── 意味が異なる音たち ──
- 仰天！知られざる和歌の裏話
- 色で考える和歌 ── アクティブ・ラーニング ──
- わたしのかんがえたさいきょうのポスターづくり！（情景をポスターにしよう）
- おえかきネイチャーゲーム
- 作ってみよう！私の和歌の貝合わせ
- 和歌あてゲーム
- ネイチャーゲームで覚える枕詞
- 書いてみよう！考えてみよう！昔の人の気持ちを…。
- 和歌は Twitter です。
- 絵で身につく知識とコミュニケーション
- 和歌同盟
- 時代別階級を覚えるかいじゅうじゃんけん
- お気に入り和歌
- 和歌を書いた人になりきってストーリーを書いてみよう！

○プリント（B）の項目

- 魅力的な活動名（中心の□）
- 提案に関わる6項目（「国語科としての意義」「古典としての意義」「何が身に着く授業なのか」を入れ、残りの3項目は自由記述）

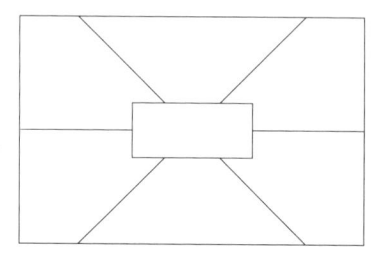

- 以下のような線の入ったA4 1枚に活動名と6項目がみえるように記載し、この紙がグループのメンバーに見えるように話す。

---

(3) 学生の提案は、第1時間目で同グループの他の人が考えたものでも自分のものとして提案してよいとした。実際のところは、他の人の提案を利用した学生はいない。協働的な学習が推し進められるなかでは、提案の帰属は不安定になる。学生たちは、他の人の権利を侵害しないことを強く意識しているように思われる。本授業の履修学生だけでなく、他の大学の授業においても権利の侵害についての配慮意識が高いといえる事例が多い。この点については、稿を改めて考えたい。

○振り返りのリアクションペーパー（自己評価）
①自分のプレゼンの伝わり度
　　　　　　※「1」が「よく伝わった」「4」が「うまく伝わらなかった」
1……2人　2……2人　3……7人　4……4人　（未回答 1 人）

○振り返りのリアクションペーパー（記述）
②グループのメンバーのプレゼンについて（省略）
③ AL について考えたこと（抜粋）※下線は筆者による

・とても苦手な AL が少しましになった。考える側になると苦手な自分が
　生徒になりきって、どうしたら苦手意識を軽くできるのかを考えること
　ができた。

・AL をやるためにはある程度の知識が必要だと思った。また、生徒の性
　格や教室の雰囲気も考慮して行わないと失敗を招くとも考えた。

・実際イメージだけではあまりつかめないアクティブラーニングですが、
　他の人と共有することでより活動を広く理解することができたと思う。
　実際教える立場になったら積極的に取り入れることで、国語としても楽
　しめ、クラスの雰囲気作りもすることができて、良いものだなと思いま
　した。

・AL って自分的にはすごくキライだし、ドキドキして疲れてしまうので
　あんまりやりたくないという気持ちがつよいが今日やってみたおかげで
　少しだけ頑張ってみようという気持ちにもなったし、教師になったら最
　後の授業ぐらい協動できるような AL やりたいという気持ちになりまし
　た。

・私は AL がキライで、特にペアワークなんかをさせる先生のことが大嫌
　いだったけれど、意図を知った今、取り入れることも必要なのかなと感
　じている。

4．授業実践の成果と検討

　1時間目では、AL に関する知識や経験の確認をしたうえで、授業提案というよりは「活動する」という点に絞って個人作業を行い、グループで共有したところから、「授業」という枠組みのなかに「活動」を組み込むという思考をしてもらった。

　2時間目では、1時間目の学習を踏まえて、個人作業を中心に授業づくりを行った。提案の形式として少人数グループでのプレゼンテーションを用いたのは、人前で話すことは難しいと感じている学生が、友だちと話すこと自体の楽しさと、テーマをもって話すことが地続きであることに気づく契機としたいと思ったからである。

　国語科という面からいえば、学生たちの提案は「楽しませる」「古典に触れる」というところに中心があり、今回、題材として扱った「いにしえの心と語らう　君待つと──万葉・古今・新古今」（光村図書）が中学3年生を対象とした教材であることへの意識は強くない。第1時間目におけるグループでの検討でも、第2時間目におけるプレゼンテーションでも、「国語科として」「古典として」の AL だということへの意識付けを行ったが、AL 型授業を作るための教材という視点からは抜け出せていない。本授業の出発段階としては、もう少し「AL が活動ありきになりがちである」という批判と向き合う時間を持つ予定だったが、時間の都合上、省略した。省略した理由としては、本授業が AL 型授業の教材開発を目的とするだけでなく、学生たち自身の苦手意識や固定化されたイメージの変革を求めるところに主眼があったためである。

　リアクションペーパーの記述を読むと、学生たちは AL 型授業の意図を理解し、面白さをよく受け止めているように見える。極端にマイナスイメージを持ったまま授業を終えた学生もおらず、むしろプラスに転じたことを示しているコメントもある。AL における評価のポイントでは、こうした学習者

の言葉は重要な指標となっているが、一方で彼らが期待されたコメントを（意識的あるいは無意識的に）書いてしまう可能性を否定することはできない。また、半期の授業が終了した時、あるいは一年後、卒業後、教員になってから、どのように AL を捉えなおしていくのか不明なところもあるだろう。リアクションペーパーを教員向けに書いているという点からすれば、学生たちの「本音」の部分にさまざまな問題が残されている。もちろん、提出物というかたちで言語化されたものもまた彼らの確かな声であることは否定しない。

　本授業は、教科教育法の一環として設定しているため、学生たちの能動的な学習意欲そのものを育てるところには中心を置いていない。理想としては、いま授業を受ける側にいる学生たちが、目的に応じてさまざまな学習を自在に提供できるようになることを目指している。だが、大学 2 年生が多数を占めるという点を差し引いても、学生たち自身が能動的な学習者にはなり切れておらず、また AL が目指されることの意義も、授業以前にはきちんと理解しているとは言い難かった。冒頭に述べたように、本稿で対象とする学生たちは平成 20（2008）年度公示の学習指導要領で学んできた世代であって、言語活動の経験も豊富であるし、「アクティブラーニング」という言葉が広く使用されるようになった 4、5 年前にはまだ中等教育のなかにいた。にもかかわらず、彼らに能動的な学習に対するマイナスイメージがあり、学習の意図そのものもしっかり伝わっていないということを、教員は危機感をもって受け止めなければならないだろう。

　「国語科教育法（中）II」の最初の授業は、例年、教員志望の大学生とともに AL 型の古典教材開発を行うことを目指して行っていたものであった。しかし、前年度以前から、グループでの意見交換に対して消極的な学生がいたこともあり、彼らの意見を掬い取るかたちで AL を考える機会を持ちたいと思い、今回の授業実践に至っている。

　さまざまな教職科目で指導案作成を行っているが、学生たちの多くが腐心するのは、「いかに授業に参加させるか」という点である。これは本授業の学生においても同じであるが、一方で、特色として、「いかにやりたくない

気持ちに寄り添うか」という視点を持つ学生がいる。時には極端なほど、生徒同士の交流のない授業提案を作り上げる学生もいる。よくある例でいえば、「自分から発言する」という心理的負担がないように、指名される生徒が事前にわかるような仕組みを作るというような配慮である。文部科学省によるアクティブ・ラーニング導入の背景には、日本の大学生における主体性のなさがあり、こうした受動的な学習形態を維持しようという学生のあり方は、目指すところの対極にあるだろう。しかし、彼らが協働的な学習に、あるいは学習を言語化（特に音声言語化）することに「心理的負担」を感じていることは、決して切り捨ててはいけないものである。AL が小学校段階で導入され、心理的負担を感じない児童、生徒が多数を占めるようになるのが前提であるにせよ、すべての学習者が、すべての学習に対して能動的であることは、目指されてもよいが強要してはならないと筆者は感じている。その点で、本授業の取り組みや意見の掬い上げがさまざまな現場で行われる必要があるのではないか。

　以上のような点からいえば、本稿の成果は、授業において学生たちが AL 型の授業提案を行ったことや、AL に対してポジティブな反応をするに至ったことではない。能動的な学習のメリットが強調される教育現場の中に、さまざまなかたちで取り残される児童、生徒の気持ちがあることが示された点が重要である。学習の意図を伝え、協働的な学びのなかで、学習者たちが意欲的に活動しているように見えた授業でも、数年後に振り返った時に、成長した学習者がマイナスのイメージを持っていることはしばしばあるといえよう。それは、学習の評価という面で意識されることではないし、教員に届くものでもない。多くの場合、どこにも還元されることのないままに失われていくものだろう。だが、AL が目指すものが、教育現場の改革に留まらず、学習のあり方そのものであることを考えれば、本稿によって前景化された学生たちの（つまり、かつて児童、生徒であった者たちの）AL に対するマイナスイメージがあることを捨象してはならないし、むしろ強く意識するようなかたちで、今後の授業づくりをしていかねばならないはずである。その方

法については稿を改めたいが、「教員を目指す学生」という一時的な段階にある学生たちによって、現場から離れたところに見出される AL の取り残しに教員が気づく契機として本稿を提示したい。今後、実習生だけでなく、教員の前段階にある存在がさまざまなかたちで現場に参画することが予想される。彼らは、AL の成果と取り残しを長期的に見るための重要な役割を担う可能性があることを指摘しておきたい。

5.　おわりに

　教職科目を受講する学生は、比較的、教育に対してポジティブであるし、授業態度もまじめで、こちらが説明する前に授業の意図を汲んでくれることが多い。それでも、学生のコメントを見ていると、AL 型授業の意図や目的が受講者側に伝わっていないことが、しばしばあることは明白である。だが、AL 型授業を提案する側として、ポジティブなコメントを得ることにだけ力点を置いてはいけないように思う。

　国語科教育法の授業の反省としては、学生たちの授業提案がイメージ先行で、楽しませるところにばかり着目していることが挙げられるが、この反省はそのまま AL 型授業が陥りやすい失敗とも重なるといえるだろう。AL 型授業が「活動ありき」になりがちだという批判はかねてから言われてきた。実践が積み重なってきた現在、目的の見えづらい授業は減っているはずである。しかしながら、受講する児童、生徒には未だ目的の汲みづらいものとして映っている可能性があろう。AL 型の活動は、知識伝達型の授業でもできることを敢えてやらせているに過ぎないという冷ややかな受け取りである。教員は、選択肢の一つとして AL を用いているのではなく、その単元、その授業の目標にとってベストな方法を用いているのだということをもっと積極的に児童、生徒に伝えていく必要がある。日本の教育現場では、今後も一斉授業と座学が重要な位置を占めるだろう。教員も子どもたちも（それ以上

に保護者も）、座って知識を伝達されることの有効性を信じている以上、AL がそれ以上の効果を持つことをきちんと伝えなければ、授業内では見えづらい否定的な思いを抱く子どもたちは存在し続けるのではないだろうか。

　本稿では、高校までの教育を一歩離れたところから見ることのできる大学生を対象として検討した。新学習指導要領を待つまでもなく、既に現場で実践報告が重ねられ、教育実習や教員採用試験でも求められることの多い AL であるが、その有効性も十分に認められる一方で、AL 講習に現場の教員が集まるように、定義の曖昧さや内容の不確定さを抱えている。教員を目指す学生たちもまた、積み重ねてきた知識伝達型授業への信頼と、AL という方法に対する懐疑的な視線を捨てきれずにいる。これから教員になることを目指す学生たちが、AL と向き合い、自分たちのわだかまりや疑問を話し合う場の設定が、教職科目のなかで求められているといえるだろう。

【参考文献】
　溝上 2014　溝上慎一『アクティブラーニングと教授学習パラダイムの転換』（東
　　　信堂　2014）

『源氏物語』でアクティブ・ラーニングは可能か

——帚木巻「雨夜の品定め」のジグソー法を中心に——

河添　房江

大学 2 - 4 年　『源氏物語』

AL 技法：ジグソー法

【要旨】

　大学の教員養成課程で**『源氏物語』**を対象に**アクティブ・ラーニング**の手法を習得させることを目的とする。学生にアクティブ・ラーニングの様々な手法や『源氏物語』を教材としたサンプルを示して、グループで模擬授業を考案する。**「雨夜の品定め」**の**ジグソー法**については筆者も実践し、古典学習にアクティブ・ラーニングを摂取する可能性と課題を探る。

1. はじめに

　近年、国語の授業におけるアクティブ・ラーニング（以下、ALと略す）の重要性が広く説かれている。2017年3月に公示された小・中学校の新学習指導要領でも、知識の理解の質を高め資質・能力を育む「主体的・対話的で深い学びの実現」が求められているが、この文言はALを意識したものである[注1]。

　そもそもALは、かつてはエリート教育の場であった大学がユニバーサル化し、講義形式では必ずしも学習効果が得られない学生が増加する趨勢に対

---

(1)　アクティブ・ラーニングが文科省の施策用語として初めて登場したのは、2012年8月の中央教育審議会の答申「新たな未来を築くための大学教育の質的転換に向けて〜生涯学び続け、主体的に考える力を育成する大学へ〜」であり、2016年12月の最新の中央教育審議会の答申「幼稚園、小学校、中学校、高等学校及び特別支援学校の学習指導要領等の改善及び必要な方策等について」でも、アクティブ・ラーニングを「子供たちの「主体的・対話的で深い学び」を実現するために共有すべき授業改善の視点」として重要視している。

して、学生を授業に参加させる目的で米国から始まり、日本に輸入されたものである（溝上2014）。そのように大学教育の現場で試みられてきた学習法が、文科省の次期学習指導要領の改訂を意識して、小・中・高の教育現場に浸透してきたというのが現状であろう。

したがって東京学芸大学でALが試みられることは、大学教育の場としてもおかしくはないが、大学のミッションの特殊性として「学生をALで教育する」側面よりも、むしろ「小・中・高の教育現場でALで教科を教えられる教員を育成する」側面が大きいことが挙げられる[注2]。実際、4年生が応用実習で、大学でどのようなALの実践例を習ったかを尋ねられたり、授業の場でALの実践を求められるケースも出はじめている。それゆえに筆者の関心も、目下は教育現場でALで教科を教えられる教員の育成にある。

こうした状況下で、筆者が担当する「教育実践演習」や「古典文学演習H」といった大学の授業で、学生にALの手法を教えたり、学生にALの模擬授業をしてもらう試みを展開した。以下はその実践報告であり、そこから『源氏物語』などの古典学習にALを導入する可能性と課題について考察を巡らしていきたい。

2.「教育実践演習」の実践例

「教育実践演習」は東京学芸大学では4年生対象で、秋学期（後期）に開設される授業科目である。そもそも「教職実践演習」とは、2008年の教育職員免許法施行規則の改正に伴い、「教職に関する科目」として新たに設けられた科目である。その内容は、①使命感や責任感、教育的愛情等に関する事項、②社会性や対人関係能力に関する事項、③幼児・児童・生徒理解や学級経営等に関する事項、④教科・保育内容等の指導力に関する事項、の四つから成る。

筆者が2016年度後期に国語科教育の中村純子先生と担当した「教職実践

(2)　東京学芸大学 HP、http://www.u-gakugei.ac.jp/pdf/13_mission.pdf を参照。

演習」（中等教育教員養成課程（以下、B類）国語科4年生18人対象）の授業展開は次の通りである。

第1回	10月21日	授業オリエンテーション
		教育実習の振り返り　模擬授業のグループ決め
第2回	10月28日	「応用実習レポート」の作成と振り返り（模造紙プレゼン）
第3回	11月11日	模造紙プレゼンの続き、中村先生の講話
第4回	11月18日	教職経験者（校長・副校長）の講話
第5回	11月23日	教職経験者（5〜10年経験教師）の講話
第6回	11月25日	第4・5回の講話内容に関してのグループ討議
第7回	12月2日	専門家（教育学・心理学等）の講義
第8回	12月9日	専門家の講義
第9回	12月16日	第7・8回の講話内容に関して、グループ討議
第10回	12月23日	模擬授業構想
第11回	1月6日	1班　模擬授業
第12回	1月20日	2班　模擬授業
第13回	1月27日	3班　模擬授業
第14回	2月3日	4班　模擬授業
第15回	2月10日	まとめ　「振り返りシート」の記入　「最終レポート」の提出　担当教員二人の講話

　このなかで、ALに関わる授業実践は、④教科・保育内容等の指導力に関する事項に対応した、第11〜14回の模擬授業である。B類国語科の18人が自主的に4〜5人の4班を作り、対象とする『源氏物語』の場面やALの方法も違ったものを選択した。

　学生の実態としては、このクラスは1年次より必修・選択ともに共通に受講する科目が多く、3年半の交流の蓄積もあって、気心の知れた同士とい

える。教員や教員をめざしての大学院進学が8割方ではあるが、公務員や一般企業への就職の内定を得ている者もいる。源氏ゼミや近世文学ゼミもいなくはないが、多くは国語科教育や近代文学関係のゼミに所属し、古典に苦手意識をもつ者も少なくない。

（1）前段階の講話

『源氏物語』を教材にALの手法で模擬授業で行う前段階として、第6回（11月25日）の授業で、筆者がこれまで調べた『源氏物語』の実践例を紹介するレジュメ[注3]を配った。ただし第4・5回の講話内容に関してのグループ討議に時間がかかったため、具体的な説明をする時間的余裕を失った。そこで第12回（1月20日）の直前に、補講のような形で説明の時間をもうけた。

配布したレジュメと説明の要点は、次のようなものであった。

・ALに関する書籍について、基本的かつ古典学習に有効なものという観点から、理論編[注4]と実践編[注5]を紹介した。『源氏物語』だけではALの実践例が少ないので、『伊勢物語』について実践例も紹介した。『伊勢物語』の方が各章段の独立性が高く、小話としてまとまっているのでAL学習がしやすいという特徴がうかがわれ、考えさせられる。

・ネット上の資料からもALの実践例を紹介したが、特にジグソー法の桐壺巻の実践例[注6]がわかりやすかったのか、関心を集めた。ジグソー法は、知識構成型ジグソー法ともいわれ、生徒に課題を提示し、問題解決の手かがりとなる知識を与えて、その部品を組み合わせることによって答えを作り上げる活動を中心にした授業デザインの手法である[注7]。

・桐壺巻の実践例は、①「桐壺の更衣を死に追い詰めたのは誰か」という課題を生徒に提示。②ワークシートに生徒が自分の考えを記入。③生徒

---

(3) 平成28年度広域科学教科教育学研究経費報告書『アクティブラーニングとICTを活かした小・中・高連携の古典教育研究』の拙稿の最後に別資料Iとして付した。
東京学芸大学連合学校教育学研究科HPで公開。
http://www.u-gakugei.ac.jp/~graduate/rengou/kyouin/news/data_kouiki_h28/01.pdf

(4) 溝上2014、松下2015。

(5) 小林2015、高木・大滝2016、三宅2016、関谷2016。

(6) 「『源氏物語』を教材としたアクティブ・ラーニング型の授業例〜ジグソー学習の手法を取り入れた授業展開〜」
栃木県総合教育センターHP 「教師のための教材研究のひろば」で公開。
http://www.tochigi-edu.ed.jp/hiroba/plan/detail.php?plan=C3001-0069（最終閲覧日2017年11月20日）

(7) 三宅2016、第一章。

を「帝」「弘徽殿の女御」「他の女御・更衣たち」「上達部・上人」の４種のエキスパート班に分け、各班に資料を渡して討議。④それぞれ違う人物を担当した４人でジグソー班を組み直し、討議。⑤グループごとに発表し、クラスでクロストーク。⑥個人で課題を再考させ、ワークシートに記述。という流れである。その成果としては、エキスパート班とジグソー班の活動でワークシートの記述が格段に充実したばかりでなく、生徒の作品への興味関心が高まり、古典をより身近なものとして捉える傾向が認められたという。

・続いて筆者が担当した 2016 年度の免許状更新講習（「古典教材としての源氏物語」）で、受講生が考えた AL のアイディアを要約し、場面・人物・文化面に分類して紹介した。その内容は以下のようなもので、ジグソー法が多かったのは、講習のなかで桐壺巻の実践例をはじめ詳しく説明したためであろう。

場面から

・人物の読み解きは時間がかかるので、和歌の解釈を古語・文法・修辞法など各グループで調べさせる。
・場面の人物の読み解きをジグソー法。
・同じ場面を複数のツールで考える。現代語訳・音声・絵巻・映像、それぞれのグループに与え、ジグソー法。
・『源氏物語』の場面をグループで劇にして、動画として撮影。動画を見比べる。
・影印本の翻刻。１グループで１頁。注や現代語訳などもつけさせる。
・ペアワークで「夕顔」「須磨」の一部をお互いに相手に説明する。理解したか、テストする。
・紅葉賀巻の帝と皇子の初対面の場面、心情の確認とこれまでの物語のあらすじを調べ学習する。
・須磨巻に引用された流離する人物をグループで調べさせ、ジグソー法。

- 明石の君と姫君の別れなど、四季の印象的な場面を取り上げ比較する。
- 初音巻の衣装を色紙で再現する。
- 御法巻の３人の和歌を調べさせ、最後に死生観まで考察させる。

人物から

- 『源氏物語』の人物研究で、誰が好きか嫌いか。誰が理想的か、幸福・不幸など、価値観まで問う。
- 『源氏物語』の登場人物のインタビュー記事を各グループで作成。ジグソー法で深め、新聞にまとめる。
- 登場人物について、映画・ドラマなどキャスティングをする。
- 光源氏の年代ごとの心情を比較・考察する――少年・青年・中年・晩年
- 源氏の女君をグループで選ばせ、調べる。ジグソー法で、最も不幸な女君・幸福な女君を議論させる。
- 『源氏物語』の女性の表現から、その時代の美の条件を探させる。

文化面

- 有職故実研究――行事・服装について。
- 当時の婚姻形態を理解するため、竹取・伊勢・源氏の本文の一部をグループに与え、ジグソー法。
- 物語論・音楽論・絵画論をとりあげ、当時の芸術観について掘り下げる。

　総じていえば、教科書に採られた有名な場面の読解をさらに掘り下げるもの、人物をはじめ物語全般についての知識を深めるもの、当時の文化環境まで調査させるものに分かれる。映画・ドラマのキャスティングや、劇にして動画撮影など現代のメディア転換のアイディアも注目される。
　『源氏物語』は長編で、登場人物が複雑に絡み、作品を一通り理解させることにも困難を伴う。しかし様々な要素をもつだけに、上手くテーマ設定ができれば、AL学習の教材の宝庫となることが、受講生のアイディアの豊富さからも証されたといえる。

（2）授業の実際

さて「教育実践演習」の学生たちによる AL を取り入れた模擬授業のテーマは、以下の通りであった。

1 班　女性への形容から読み取る多様な古典文学の表現と世界
　　　──『源氏物語』「若紫巻」の授業からの発展として──
2 班　「若紫」におけるロールプレイングと読解の深化
3 班　『源氏物語』「帚木」を扱ったジグソー学習
4 班　学校図書館を活用するスキルを身につける
　　　──『源氏物語』「葵」巻の実践──

　その具体的な内容については、別報告書に別資料Ⅱとして付したレポートに譲りたいが^(注8)、簡単に紹介すれば、第 1 班は若紫巻の授業からの発展として、空蝉・軒端荻・末摘花・源典侍・近江の君について、グループで特徴をとらえ、各人物のキャッチコピーを考えて発表する授業。第 2 班は若紫巻のロールプレイング劇で、光源氏班・若紫 & 少納言の乳母班・尼君班に分かれる授業。第 3 班は帚木巻の「雨夜の品定め」の四つの体験談から、ジグソー法で当時の理想の女性像をまとめる授業。第 4 班は葵巻の六条御息所をめぐる物語展開について、学校図書館での調べ学習で連想関係図を作り、なぜ生霊になったかという課題を解決する授業である。

　四つの模擬授業は、それぞれのグループが創意工夫を凝らした秀逸なものであった。古典文学関係のゼミに属した学生が少なかったにも関わらず、模擬授業とそのレポートの水準が高かったことは、積極的に取り組んだ学生たちの熱意と AL についての吸収力の賜物である。また学生たちが、教師目線ではなく、生徒としての経験知から、古典が苦手な生徒も参加できるような授業デザインを考えたことは、AL 学習が教師パラダイムから学習パラダイムへの転換であるという溝上説(溝上2014)の理にも適ったものといえよう。

---

(8)　注（3）参照。レポートは受講生 18 名全員に課したが、それぞれの模擬授業の雰囲気をもっともよく伝えていると思われる学生 4 人のレポートを別資料Ⅱとして、注（3）の拙稿に付した。

3.「古典文学演習 H」での実践

　こうした 4 年生の模擬授業の刺激もあって、B 類国語科対象の「古典文学演習 H」で、学期末最後に空き時間ができたので、筆者も急きょ AL の授業を試みることにした。その際、新たに教材を用意する余裕がなかったので、「教育実践演習」の四つの模擬授業のなかから、第 3 班の帚木巻「雨夜の品定め」のジグソー法をやや修正を加えながら実施することにした。

　その選択の理由としては、いま中・高で AL の研究授業といえば、知識構成型ジグソー法がトレンドで多くなされており、『源氏物語』でジグソー法を使った授業実践を試みてみたかった点が大きい。また「雨夜の品定め」は、左馬頭が語る「指喰いの女」「浮気な女」、頭中将の「内気な女」、藤式部丞の「博士の娘」という四つの体験談が含まれるが、それぞれが歌物語的であり小話としての完成度が高いので、要旨をまとめ比較するのに適当な教材と考えた。しかも四つの体験談は、恋愛に関する失敗譚で学生の興味関心を引きつける素材でありながら、古文の教科書の定番教材ではないので、新たな教材開発になりうる点でも魅力的であったからである。

（1）指導案について

本時の目標

・場面をしっかり読み、物語本文からその女性の長所・短所について考察する力をつける。

・知識構成型ジクゾー法により、テキストから情報をとりだして整理する力、さらに話し合い知識を統合する力などを身に付ける。

・古典の作品における人々の考えと、現代の自分たちの考えに共通点があることに気づき、古典の世界に親しむ心を持つ。

・平安時代の文化をはじめ古典の文化と、現代の文化との違いを改めて認識する。

学生の実態

　「古典文学演習 H」の受講生は、B 類国語科 2 年の学生 11 名とドイツか
らの留学生 1 名である。B 類国語科の学生は、卒業後は中高の教員をめざす
者が大半で、古典の基礎知識もそれなりにある。またこの演習で、それぞれ
が平安文学の教材を選び、模擬授業もしてきた。ドイツからの留学生も古典
文法に興味がある優秀な学生である。模擬授業ではグループ討議もしてきた
ので、その形式にみな慣れている。ただし学生達の AL の手法についての認
識は、シンプルなグループ・ワークの域を出ていない。

授業実践について

　「教育実践演習」の第 3 班のジグソー法は、もともと高校 2 年を対象とし
た授業デザインを、大学 4 年のクラスで模擬授業として実践するものであっ
たが、模擬授業を見ていて気になった箇所については、私なりに修正を施し
た。修正点を含めて、授業は次のような手順で進めた。

・資料をその場で渡さず、前の週の授業時間に帚木巻の雨夜の品定めのコ
　ピー（『新編日本古典文学全集』）を全員に渡して、翌週までに予習する
　よう指示した。
・エキスパート班とジグソー班の組み方については、時間の節約のため、
　出席番号順に決めて、前の時間に周知した。
・四つの体験談の内容を把握するエキスパート班の討議に際して、その前
　に個人で担当部分をどのように読み取るか、考えさせる時間が必要と考
　え、担当場面の女性の長所・短所・現代との比較を簡単に書かせるワー
　クシートを用紙した。その際、長所・短所については、根拠となる本文
　を意識するよう全体に声かけをした。
・さらにワークシートを書く際の注意点として、あくまで各場面から抽出
　した中流出身の女性の理想像であって、それが平安時代全般の基準にな

りうるかは留保がつくことを説明した。

・時間配分を改善し、前半10分で個人でワークシートを完成し、それを持ってエキスパート班で集まった。

・続いてエキスパート班で20分を使い、それぞれのエピソードから理想の女性像を抽出し、共有した意見を5センチ角の付箋数枚にメモさせた。なお各班で付箋の色を変えて渡した（緑——指喰いの女、黄——浮気な女、青——内気な女、ピンク——博士の娘）。

・後半の30分をジグソー班の討議の時間として、持ち寄った四つのエピソードの付箋を分類しながら模造紙に貼り、囲ったり見出しをつけて、「物語の理想の女性像」と「現代との比較」（共通点・相違点など）をまとめた発表用のポスターを完成させた。

・その後、約10分を使って、1班から4班までそれぞれの班のポスターを黒板に貼り、代表者に説明をしてもらった。それらに対して、約5分で質問を受け、また教師側からの簡単な講評も加えた。

・残り時間の約10分で、2種類のリフレクション・シートに記入しても

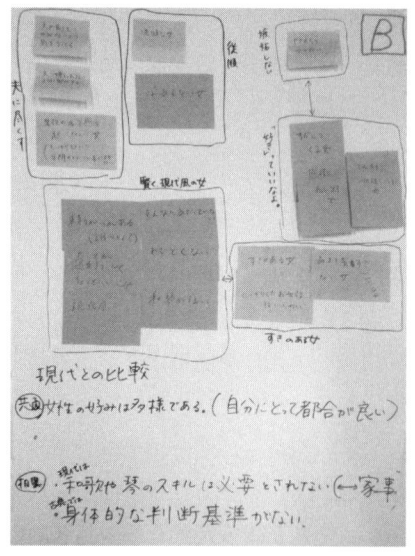
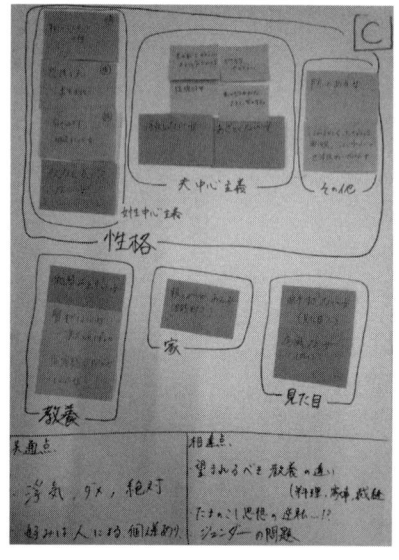

らい回収した。

（2）リフレクション・シートから見たジグソー法のメリットと問題点

学生の感想・メリットについて

・付箋に端的にまとめたことで、その補足や説明をグループの人の言葉で聞くことができて良かった。

・登場人物の多い『源氏物語』を頭で整理できるようになって、苦手意識が減った。

・付箋の色を違えることで、4人の女性を分けて考えられて良かった。

学生の感想・問題点について

・付箋にメモするべきことがよくわからなかった。

・平安時代の婚姻制度についての説明が予め欲しかった。（4年生の「教育実践演習」では、配布資料の中に、平安時代の婚姻関係を説明したノートを添えていた。）

・現代との比較は、何をしてよいかわからず、やりにくかった。（4年生では、結構盛り上がった。）

・現代との比較という漠然とした問題設定でなく、「現代に喩えると、、、、」「現代でいうと、、、」とすれば、答えやすかったのではないか。

・二種類のリフレクション・シートを使ったので、書く側としては、どちらに重点を置いて自分の意見を書けばよいのか、戸惑った。（2種類のリフレクション・シートを使ったのは、書籍に載っていたサンプル[注9]で、どちらが効果的か、筆者が検証したいという狙いがあった。）

・理想の女性像というのは、どの次元の理想像かはっきりさせて欲しかった。

・平安の理想の女性像から現代の理想の女性像、現代の婚姻制度まで、教科横断的な学びへと進められると良かった。

---

(9)　二種類のリフレクション・シートとは、三宅2016に収載の「『伊勢物語』での実践例——平安貴族たちが求めた「雅」とは」で大宮高校の畑文子氏の使われたもの（57頁）と、稲井・吉田2016収載の「資料を活用し、対話を取り入れた「土佐日記」の授業」で使われたもの（133頁）である。

その他の意見

・付箋もマジックで書くと、黒板にポスターを貼った時、見やすいと思った。（4 年生の「教育実践演習」では、ポスターを iPad でスクリーンに映して見やすくしたので、こうした ICT 活用は有効であろう）

・今回、エキスパート班ではレベルの高い意見交換ができ、内容が充実したが、そうならない班では成果を出しにくいのではないか。

・同じ内容の付箋をもってジグソー班で話をしても、発話者によって内容が違ってくるのは、興味深かった。

・「現代との比較」では、キャラクターを「しずかちゃん」（ドラえもん）、「みくりちゃん」（逃げ恥 ^(注10)）とか、ある程度決めて、比較するとやりやすかったかもしれない。ただし自由な意見が出なくなる可能性もある。

・エキスパート班では意見のすり合わせが行われなかったので、もう少し議論して、意見がまとまれば、ジグソー班で集まった時に面白い知見が得られるのではないか。エキスパート班で意見のぶつけあいをしたかった。

・ポスターへの書き込みと発表者を両方したので、どちらかを別の人に担当してもらえば良かった。

・今回は出席番号順にエキスパート班とジグソー班を組んだが、男女一緒ではなく、別々のグループにすると、価値観の違いが出てよかったのではないか。（逆に女性ばかりの班で、「男心がわかりきれず、現代との比較が難しかった」という意見も出た。）

・リフレクション・シートは、到達度合を言葉で書いてある A タイプの方が振り返りやすかった。（逆に「気づいたこと・考えたこと」を書かせる B タイプが、欄が大きく書きたいことがはっきり書ける、自由に書ける点で良いという意見もあった。）

（3）成果と今後の課題

今回、古典に対して苦手意識をもつ学生が活き活きと授業に参加し、『源

---

(10)「逃げ恥」は 2016 年 10 月 -12 月に TBS 系で放映された TV ドラマ「逃げるは恥だが役に立つ」の略称。「みくり」は新垣結衣の演じたヒロイン。

氏物語』の世界に親しみを持った点では、「教育実践演習」「古典文学演習H」
でも一定の効果があった。ジクソー班に戻った時、各自がエキスパート班の
意見を代表することで、それぞれが責任をもって討議に参加していたことも
収穫であった。

　またエキスパート班でまとめた同じ付箋をもって、ジグソー班に移行した
時、その意見が出るに至った経緯や背景がカットされるのではないかという
懸念があったが、口頭で説明を補うことで、ある程度カバーされたことも良
かったと思う。一方、エキスパート班での意見の摺り合わせが足りなかった
と感じる班もあり、時間不足や教師側の助言が足りなかったことが反省され
る。

　その他に気になったのは、予習プリントを渡したり授業時も本文を意識す
るように声かけはしたが、長文ゆえかプリントに付いている現代語訳に頼る
学生も多かった点である。授業で扱わない原文をいかに精読させるかは今後
の課題であろう。

　「理想の女性像」という総括も、個人により様々な解釈が生じやすく、ま
た男女の意識差もあり、どの次元なのか、まとめにくいという意見があった。
「自分の好み」の女性像を語るのではなくメタレベルの議論に持っていき、
かつ「好みは多様」といった抽象化に終わらないためには、説明や助言を丁
寧にする配慮が必要であろう。

　現代との比較は、古典の世界が現代に通じる要素と、逆に異質な要素をも
つことを理解してもらうための課題であったが、抽象度が高くやりにくい
という意見も少なからずあった。とはいえ4年生の「教育実践演習」では、
結構盛り上がり、ある班のポスターでは、「男にとって都合のいい系」「ちょ
うどいい系」「夫を立ててくれる系」「意識高い系」といった面白い喩えが出た。
しかし2年生の「古典文学演習H」ではおおむね盛り上がりに欠け、現代
との比較では、キャラクターを「しずかちゃん」(ドラえもん)、「みくりちゃ
ん」(逃げ恥)のようなある程度、枠を決めて比較するという意見も、わか
りやい課題設定にする意味では有効かもしれない。

　リフレクション・シートについては、「気づいたこと・考えたこと」といった漠然としたものではなく、より端的にジグソー法の長所と短所を書かせた方がわかりやく効果的であったと思われる。

　平安時代の婚姻関係を説明してもらえれば、もっとわかりやすかったという意見が「古典文学演習 H」ではあった。その点に関しては、事前にそうした資料を用意するにしても、それを簡潔にして、発展学習として平安の婚姻関係について更に調べるようアドバイスするのも有効ではないか。

　なお興味深かったのは、ドイツからの留学生が、ドイツではジグソー法が流行していること、歴史の授業でフランス国王の絶対主義的君臨を演劇にした AL が印象的で、よく覚えているとリフレクション・シートに書いていたことである。ジグソー法の国際化と、その効果を知る手かがりとなったことも付記しておきたい。

4．おわりに

　最後に「雨夜の品定め」のジグソー法を試みた結果から、『源氏物語』ひいては古典作品一般を対象に AL を試みることへ考察を広げて、古典学習に AL を導入する可能性と課題について、多少なりとも見通しを示しておきたい。

　関連書を見ても AL の授業は古文より現代文の実践例が多いようだが、やり方次第で古典を苦手とする学習者に親しみを持たせ、積極的に授業に参加させることができると筆者も考える。さらに古典のなかでも難解といわれる『源氏物語』であればこそ、AL は工夫次第で学習者と作品との距離を縮める有効な手段となりうる。233 〜 234 頁に示した豊富なアイディアはその可能性をものがたるし、作品を現代につなぐ現代語訳や翻訳、漫画やアニメや映画などを活用し、複数あるいは横断的に使う授業などもデザインできるだろう。

　しかし AL のメリットを認めつつも、効果的に実施する難しさは、その規模と評価にあると感じた。ジグソー法を実施してみて、時間配分から言っても大学の 90 分授業で効果が上がるのは、せいぜい 30 〜 40 名くらいまでのクラス規模で、受講生の多い大教室の授業では難しいかと思われた。もちろん授業の息抜きやアクセントに別の AL の手法を使うならば、大教室でも可能ではあろうが。

　また AL でグループ討議させると、声の大きな人が得をして個々の意見が消えてしまうとか、個人の評価をどうするのか、といった点がしばしば指摘される。AL ではリフレクション・シートが大切とされるが、今回、2 種類のリフレクション・シートを使ったこともあり、消えた意見や、各自がどれほど真剣に課題に取り組んだかがかなり判明し、評価の問題をカバーできると感じた。

　くり返すように、ジグソー法を実践したメリットは、何人かの学生がこれまで関心がなかった『源氏物語』の世界や当時の結婚形態などに興味を示し、もっと知りたいという意欲を喚起した点である。従って、その場の議論やポスター作りに終わらせず、学習の効果をさらに高めるような仕組みを考える必要もあるだろう。次回こうした機会があれば、参考文献やネット上の有益な情報（たとえば電子化された論文）のリストを最後に配布する、あるいは一緒に大学図書館に赴いて、参考となる書籍を示し、さらなる議論の場を提供するといった展開を考えたい。

　ある意味で、そのような展開を準備できないテーマ、すなわち自分がさほど得手とはいえないテーマで AL を行っても、機能不全に陥りがちであることも了解される。質の高い AL を提供できるかは、教員自身の力量に拠るとよく指摘されるが、実際に AL をしてみるとテーマ設定に始まり、臨機応変な対応の必要性もあり、もっともな意見と思われた。形式だけ整えて、学生に AL の活動をさせても、タイムキーパーの役に甘んじるだけで、あまり生産的とはいえないのである。

　一方、ここ数年、学生の基礎学力がいよいよ落ちてきたということを実感

する。たとえば講義式の授業で、受験から解放されたばかりの1年生でも、古文の助動詞の意味など基本的な文法事項を言えなかったり、振り仮名を多くつけないと原文が読めないといった現状がある。そこでII-2の麻生氏の実践のように、ペアワークで文法事項や古語の読みや意味など基本事項を確認するようなALの活用法も、大学の授業で大いにありうるのではないかと考えている。

　そして可能ならば、本格的なALは、授業ばかりでなく課外活動として行うのも効果的なのではないか。筆者は放課後の自主ゼミで源氏ゼミの顧問をしているが、ここでは学生同士の教え合いが「後見」「レポ会」などといわれるシステムとなり、実に上手く機能している。「後見」とは、3年生以上が1年生の初発表を一対一で全面的にサポートするシステムであり、「レポ会」とは正式な発表をする前に、レジュメの検討会をゼミ員有志で何度も実施するシステムである。筆者が源氏ゼミの顧問を引き受けたのは2000年春からであるが、1980年代からこうしたゼミ員同士で教えて学ぶ方法は確立していたと思われる。ALといった概念がない時代から、学生たちが時間をかけて自主的に工夫し、相互に学び合う習慣が生まれ根づいていたのである。

　東京学芸大学では全体として自主ゼミが盛んであるが、学生たち相互の学び合いの要素は、源氏ゼミほどシステム化していないにしても、どのゼミでも認められるものであり、各ゼミでの創意工夫もあるだろう。それらもまた「主体的・対話的で深い学び」の一形態といえる。ALの導入が形式論で終わらずに今後根づいていく過程で、こうした学生みずからの創意工夫やシステム化は考察に値する事例と思われる。また逆にALの手法を取り入れながらアレンジすることで、自主ゼミの運営がさらに活発化するという可能性も期待できるのである。

【参考文献】
　溝上2014　溝上慎一『アクティブラーニングと教授学習パラダイムの転換』(東

信堂　2014)

松下 2015　松下佳代『ディープ・アクティブラーニング』(勁草書房　2015)

小林 2015　小林昭文『現場ですぐに使える　アクティブラーニング実践』(産業能率大学出版部　2015)

髙木・大滝 2016　髙木展郎・大滝一登編著『アクティブ・ラーニングを取り入れた授業づくり　高校国語の授業改革』(明治書院　2016)

三宅 2016　三宅なほみ他編『協調学習とは：対話を通して理解を深めるアクティブラーニング型授業』(北大路書房　2016)

関谷 2016　関谷吉史「国語におけるアクティブラーニング」(溝上慎一監修・編『Active Learning5　高等学校におけるアクティブラーニング事例編』東信堂　2016)

稲井・吉田 2016　稲井達也・吉田和夫編『主体的・対話的で深い学びを促す中学校・高校国語科の授業デザイン：アクティブ・ラーニングの理論と実践』(学文社　2016)

執筆者一覧

河添房江
　　（東京学芸大学名誉教授）

麻生裕貴
　　（浅野中学・高等学校教諭）

加藤直樹
　　（東京学芸大学教育学部准教授）

坂倉貴子
　　（麻布中学校・麻布高等学校教諭）

白勢彩子
　　（東京学芸大学教育学部准教授）

小山進治
　　（横浜市立新吉田第二小学校副校長）

森顕子
　　（東京学芸大学附属竹早中学校副校長）

吉野誠
　　（城北中学校・高等学校教諭）

古屋明子
　　（東京都立井草高等学校主幹教諭）

奥田和広
　　（東京都立日野高等学校主任教諭）

山際咲清香
　　（東京都立橘高等学校主任教諭）

本橋裕美
　　（愛知県立大学准教授）

河添　房江（かわぞえ・ふさえ）

1953 年生。東京大学文学部卒。同大学院人文科学研究科修了。博士（文学）。現在、東京学芸大学名誉教授。専攻は平安文学。著書に『源氏物語表現史』（翰林書房）、『性と文化の源氏物語』（筑摩書房）、『源氏物語時空論』（東京大学出版会）、『源氏物語と東アジア世界』（NHKブックス）、『光源氏が愛した王朝ブランド品』（角川選書）、『唐物の文化史』（岩波新書）、『源氏物語越境論』（岩波書店）。その他に『はじめて出会う古典作品集』（全 6 巻、高木まさきと共監修、光村教育図書）など。

アクティブ・ラーニング時代の古典教育
小・中・高・大の授業づくり

2018 年 1 月 25 日　初版第 1 刷　発行
2019 年 4 月 25 日　初版第 3 刷　発行

編　者　　河添房江
発行者　　村松泰子
発行所　　東京学芸大学出版会
　　　　　〒 184-8501　東京都小金井市貫井北町 4-1-1　東京学芸大学構内
　　　　　TEL 042-329-7797　FAX 042-329-7798
　　　　　E-mail　upress@u-gakugei.ac.jp
　　　　　http://www.u-gakugei.ac.jp/~upress/
装　丁　　池上貴之
印刷・製本　モリモト印刷株式会社

©Fusae KAWAZOE 2018
Printed in Japan
ISBN 978-4-901665-51-3
落丁・乱丁本はお取り替えいたします。